Possibilidades de histórias ao contrário

Dados Internacionais de Catalogação na Publicação (CIP)
(Câmara Brasileira do Livro, SP, Brasil)

Padilha, Anna Maria Lunardi
Possibilidades de histórias ao contrário, ou como desencaminhar o aluno da classe especial / Anna Maria Lunardi Padilha. 4. ed. – São Paulo : Plexus, 2015.

Bibliografia.
ISBN 978-85-85689-30-8

1. Crianças deficientes mentais 2. Educação especial 3. Professores e estudantes I. Título. II. Título: como desencaminhar o aluno da classe especial.

04-0741 CDD-371.928

Índices para catálogo sistemático:

1. Crianças deficientes mentais : Educação especial 371.928
2. Educação especial : Crianças deficientes mentais 371.928

www.plexus.com.br

Compre em lugar de fotocopiar.
Cada real que você dá por um livro recompensa seus autores
e os convida a produzir mais sobre o tema;
incentiva seus editores a encomendar, traduzir e publicar
outras obras sobre o assunto;
e paga aos livreiros por estocar e levar até você livros
para a sua informação e o seu entretenimento.
Cada real que você dá pela fotocópia não autorizada de um livro
financia o crime
e ajuda a matar a produção intelectual de seu país.

Possibilidades de histórias ao contrário

ou como desencaminhar o aluno da classe especial

Anna Maria Lunardi Padilha

POSSIBILIDADES DE HISTÓRIAS AO CONTRÁRIO
ou como desencaminhar o aluno da classe especial
Copyright © 1997, 2004 by Anna Maria Lunardi Padilha
Direitos desta edição reservados por Summus Editorial

Capa: **Ana Lima**
Diagramação: **All Print**
Impressão: **Sumago Gráfica Editorial**

Plexus Editora
Departamento editorial
Rua Itapicuru, 613 – 7º andar
05006-000 – São Paulo – SP
Fone: (11) 3872-3322
Fax: (11) 3872-7476
http://www.plexus.com.br
e-mail: plexus@plexus.com.br

Atendimento ao consumidor
Summus Editorial
Fone: (11) 3865-9890

Vendas por atacado
Fone: (11) 3873-8638
Fax: (11) 3872-7476
e-mail: vendas@summus.com.br

Impresso no Brasil

Sumário

Agradecimentos 7

Prefácio 9

1 Aluno chamado ao ensino especial 11

2 A escolha de uma concepção 17

3 As armadilhas, as boas intenções e a trama em que
mergulham as crianças com suspeita de deficiência mental.. 27

4 Dirigindo o olhar para a sala de aula e conhecendo José...... 47

5 Conhecendo a classe especial da escola de José 85

6 As marcas do problema, os caminhos de superação e os
sentidos produzidos 97

7 A diversidade e a profissão docente 117

Referências bibliográficas 129

Agradecimentos

A construção de um texto não é trabalho solitário, mesmo que passemos madrugadas escrevendo sozinhos.

Neste texto há muitas vozes e cada uma delas, com certeza, evoca outras tantas. Portanto, agradecer a alguns interlocutores é com certeza esquecer de dizer o nome de tantos outros e ignorar muitos...

Arrisco-me, no entanto, a agradecer a alguns.

À professora Dra. Maria Cecília Rafael de Góes, que orientou-me, na elaboração da dissertação de mestrado. Sua crença nas possibilidades do ser humano marcaram as exigências que me fazia.

À professora Dra. Ana Luisa Bustamante Smolka e ao professor Angel Pino, por serem muitas e muitas vezes a minha inspiração.

Às professoras de José, aluno que ocupou lugar central na pesquisa aqui relatada. Com essas professoras vivenciei a esperança e o trabalho, que culminaram em mudanças na linha da história de José.

Ao José, que me ensinou a ver um outro lado de sua história, que me fez ver os caminhos de suas possibilidades, bem como das possibilidades de outros muitos Josés da Escola Pública deste país...

Prefácio

Anna Maria L. Padilha é uma profissional e pesquisadora que consegue ser agudamente crítica em relação à realidade da nossa educação e, ao mesmo tempo, entusiasticamente orientada para a busca de transformação das condições de ensino oferecidas pela escola. Sua preocupação com os problemas educacionais abrange um amplo conjunto de tópicos, que inclui a questão da alfabetização; a formação básica e continuada de professores; a educação de adultos; a metodologia de trabalho nas várias áreas do ensino fundamental etc. O interesse pelas crianças fracassadas pela escola é um dos tópicos que mais a envolve. E esse é o objeto de interesse que ela focaliza neste livro, referenciando-se em autores da semiótica e da abordagem histórico-cultural em psicologia.

A pesquisa aqui exposta examina a trajetória que é traçada para as crianças que são consideradas "candidatas" à classe especial, em razão das dificuldades que demonstram para aprender a ler e escrever e das sucessivas reprovações que prenunciam os desfechos lamentáveis das histórias de tantos alunos – histórias de construção de fracassos, de interrupção prematura da vida escolar e, enfim, de exclusão. O texto mostra uma pesquisa que se realizou em duas etapas.

A primeira examina aspectos de uma rede institucional de avaliação, na qual os agentes de encaminhamento tomam a decisão de inserir ou não a criança na classe especial. As análises da autora mostram que os instrumentos de avaliação, os procedimentos, os instrumentos e os relatórios diagnósticos têm subjacente uma concepção do problema do aluno como sendo dele ou de sua família. O leitor dirá que esse assunto já tem sido bastante debatido. É verdade. Entretanto, Anna Maria elabora suas interpretações de uma maneira original, assumindo esses agentes da rede de encaminhamento como "detetives" que, de maneira paradoxal, colocam-se na posição de identificar um culpado já previamente identificado (o aluno) e que, através de concepções e recursos já cristalizados, compõem esse paradoxo, privilegiando ou ignorando, equivocadamente, certos indícios e sinais dos desempenhos investigados. De forma típica, buscam enxergar os limites e não as possibilidades da criança.

A análise semiótica das concepções e atuações desses agentes dá então lugar ao estudo de um aluno considerado de "risco", isto é, uma criança que estava em fase de ser avaliada para um posterior encaminhamento à classe especial. Trata-se de José, que foi acompanhado pela autora durante um ano letivo, através de um exame atento das características das mediações sociais na sala de aula. A análise desse acompanhamento, que se delineou como um estudo de caso, mostra os muitos obstáculos vivenciados por José e suas amplas possibilidades de aprender. Embora eu deva deixar para o leitor a oportunidade de ir participando do percurso de análise e da sensibilidade do olhar da autora sobre José, vale antecipar que, a partir da focalização desse aluno, são tematizadas a escola, a sala de aula regular e a sala especial; os entraves e as esperanças de um trabalho pedagógico produtivo; e as perspectivas de se reverter um curso predestinado ou, como o próprio título anuncia, de se criar possibilidades de histórias ao contrário.

M. Cecília Rafael de Góes

1

Aluno chamado
ao ensino especial

O fracasso escolar tem sido, em geral, considerado fruto da incapacidade, carência, imaturidade, lentidão, retardo, os quais são identificados principalmente entre as crianças das camadas mais empobrecidas da população. Os desajustes dos alunos aos procedimentos e critérios preestabelecidos da escola os transformam em "deficientes" e "especiais". As características interpretadas como distúrbios, patologias, incapacidades para aprender e para se adaptar ao meio escolar são consideradas como problemas unicamente do indivíduo. Os desvios estão nele. Tal concepção está marcada tanto na prática pedagógica de sala de aula (por exemplo, nas classificações de alunos, em "bons", "médios" e "fracos"), como na legislação que estabelece os subsídios para organização e funcionamento de serviços de educação especial, na área da deficiência mental.

Essa legislação propõe que uma das formas de atendimento escolar ao chamado deficiente mental educável – criada e instalada na rede pública de ensino – é a classe especial, que consiste em um serviço educacional para *quem* não se enquadra no critério de "normalidade" e, portanto, *é discrepante* em relação aos companheiros "normais" de sua escola (CENESP, 1979). Trata-se de classe *"para deficientes mentais educáveis, que não possam ser satisfatoriamente atendidos em classe comum"* (CENESP, 1979, p.15).

Uma consideração de diretrizes e procedimentos propostos pela legislação pode nos mostrar as concepções que subjazem ao encaminhamento de crianças a esse serviço especial.

Vejamos algumas das proposições em que claramente identifica-se uma crença de que os "males" estão nos indivíduos e é deles que devemos cuidar.

A respeito da educação dos chamados deficientes mentais, a Proposta Curricular apresenta o seguinte: *"Retoma-se a mesma linha pedagógica de educação como desenvolvimento do indivíduo, de dentro para fora. O papel da escola continuará sendo o de estimulador, pelas condições ambientais que puder oferecer, pelas experiências que puder propiciar"* (CENESP, 1979, p. 6).

Quanto às condições ambientais, deixa claro que *"Não é a escola que dará ao aluno os instrumentos de comunicação; ele já chega com um desempenho lingüístico, oriundo do seu Dispositivo de Aquisição da Linguagem (DAL)"* (CENESP, 1979, p. 7-8). Assume assim, uma interpretação fundamentalmente inatista, a qual pouco responsabiliza o "ambiente" e, portanto, o processo de aprendizagem.

Quanto à caracterização da clientela, os documentos oficiais, apesar de julgarem os testes psicológicos de inteligência como "preditores" sujeitos a erros, insistem em sua utilização para determinar a deficiência e seu grau:

> A ênfase nos resultados de testes psicológicos de inteligência, expressos sob forma de quociente intelectual, vem sendo muito grande, principalmente nos Estados Unidos, onde leis indicam escores específicos de Q.I. como determinantes dos limites de elegibilidade para orientação do encaminhamento de deficientes mentais para instituições especializadas, ou para classes especiais, nas escolas comuns. Atualmente, como o conceito das oligofrenias tem recebido orientação mais científica do que social, administrativa ou educacional, o uso dos resultados dos testes de inteligência é bem mais apropriado, aceitando-se os limites das informações que eles prestam (idem, p. 9).

Paschoalick, analisando o encaminhamento de crianças para as classes especiais, faz um levantamento da bibliografia sobre o tema.

Constata que as definições de deficiência mental e os determinantes para o encaminhamento vêm mudando com o passar dos anos, de modo que os indivíduos considerados deficientes mentais, segundo a definição de 1959, poderiam passar a não ser mais assim considerados, de acordo com a definição de 1961. Na mesma linha de questionamentos, o autor lembra que, com as reformulações realizadas por Grossman, da Associação Americana para Deficiência Mental, *"diminuíram a possibilidade de um indivíduo ser elegível ao grupo de deficientes mentais, não apenas pelas modificações introduzidas na classificação, segundo seu nível intelectual, como também pelas modificações feitas em termos do significado e avaliação do comportamento de adaptação"* (Paschoalick, 1981, p. 19). Novamente podemos verificar que indivíduos caracterizados como deficientes mentais educáveis, mediante os padrões de 1961, poderão deixar de sê-lo caso sua avaliação se referencie nos critérios de Grossman, a partir de 1973.

Apesar de a mobilidade e fragilidade de fundamentos teóricos, é grande o poder das instituições existentes para avaliar, julgar e decidir sobre a vida escolar das crianças.

Essas considerações iniciais permitem indicar algumas pistas reveladoras dos critérios para o encaminhamento de crianças às classes especiais. Na classificação da criança como deficiente mental, pelos documentos oficiais que orientam a organização e o funcionamento da educação especial, delineia-se a concepção de desenvolvimento e aprendizagem na qual as deliberações se baseiam: a impossibilidade para aprender está, definitivamente, no indivíduo – algo dentro dele determina as possibilidades. Se seu desenvolvimento acontece/está acontecendo de maneira limitada, reduzida, lenta, isto explica sua dificuldade ou seu insucesso para aprender. Desta forma, os testes, aqueles que medem o que cada indivíduo conseguiu desenvolver/aprender, é que falarão mais alto quando da necessidade de se optar ou não pela retirada das crianças de suas classes regulares para que comecem a freqüentar as classes especiais.

Dado esse cenário de concepções, diretrizes e procedimentos, cabe-nos examinar a forma pela qual se dá, concretamente, o encaminhamento das crianças.

Qual a trajetória da criança, da classe regular para a especial? Qual o papel da escola, do professor e do psicólogo na gênese e no transcorrer do encaminhamento? Como se realizam as funções e disfunções da escola, na rede de agentes do encaminhamento? Quem, na verdade, é esta criança que foi tida como incapaz de aprender da mesma forma que "seus companheiros normais"?

A respeito dessas indagações, pesquisas revelam que as chamadas classes especiais têm sido ocupadas pelas crianças pobres, atestando, assim, mais uma posição defendida pelo mito da carência cultural, ou seja, a de que o fracasso escolar se dá porque as crianças são pouco estimuladas, os pais falam "mal", a pobreza compromete a inteligência... Nessa direção, Frigotto argumenta:

> Se a prática educativa escolar – não por natureza, mas por determinação histórica enquanto prática que se efetiva no interior de relações de classe – é contraditória e media interesses antagônicos, o espaço que esta prática ocupa é alvo de uma disputa, de uma luta. Esta disputa dá-se, justamente, pelo controle deste espaço cuja função precípua, na sua dimensão política e técnica, é difundir o saber social historicamente elaborado, sistematizado e acumulado, articulando-o ao interesse de classe. Dimensão política que se define exatamente pela articulação desse saber do interesse de classe; e dimensão técnica indissociável da primeira, que se define pela competência e preparo para que esta difusão seja eficaz e se prolongue para além da escola (1989, p. 215).

O problema que nos colocamos tem sido debatido e estudado sob diferentes pontos de vista, com base em diferentes posições teóricas e metodológicas. Há, na verdade, um número razoável de trabalhos escritos discutindo o encaminhamento de crianças da escola pública para as classes especiais (por exemplo, Ferreira, Correa,

Werner, Patto). Entretanto, análises e discussões continuam se fazendo necessárias.

Padilha (1994) traz contribuições adicionais em relação ao estudo deste tema, investindo esforços em duas direções: da análise de questões conceituais que permeiam as instâncias de encaminhamento para a classe especial; e do estudo de um "caso de risco" ou "deficiente virtual", pela focalização de detalhes nas ocorrências do cotidiano de sala de aula. Estas duas perspectivas de investigação, que se entrecruzam na análise, constituem, para nós, um desafio teórico-metodológico. O que fizemos foi estudar o encaminhamento de crianças para as classes especiais. Para tanto, fomos examinar uma instância concreta de encaminhamento, buscando conhecer a rede de agentes educacionais e os procedimentos que estes desenvolvem. Ao mesmo tempo, acompanhamos um caso de risco, focalizando uma escola pública, uma sala de aula regular desta escola, um aluno multirrepetente desta sala, e participando de sua trajetória (durante um ano letivo) a partir do momento do encaminhamento para avaliação e testes, devido à suspeita de deficiência mental. Quisemos estudar o "problema" desse aluno, que já havia permanecido no Ciclo Básico durante cinco anos.

2

A escolha de uma concepção

Para compreender a fala de outrem não basta entender as suas palavras, temos que conhecer o seu pensamento [...]. Também é preciso que conheçamos a sua motivação. (Vygotsky)

Na tentativa de marcar referenciais para analisar o problema posto, cabe-nos delinear, ainda que brevemente, as concepções de Homem e de Educação que vêm embasando as investigações sobre deficiência mental e as iniciativas de encaminhamento de crianças para as classes especiais.

Werner, em seu estudo sobre o fracasso escolar, aponta as principais concepções que têm estado presentes na fundamentação e nas práticas da medicina e da psicologia:

No processo de constituição da racionalidade moderna, o sujeito do conhecimento foi concebido de forma fragmentária, como peça de um artefato mecânico (reducionismo mecanicista). Além do mecanicismo, entretanto, uma outra perspectiva dessa racionalidade passou a influenciar a concepção de Homem – a visão organicista. O organicismo, apesar de buscar uma visão integral (holística), não logrou ultrapassar o antropocentrismo da racionalidade moderna – o Homem como ser ativo diante da natureza, mas não constituído pelo mundo e, portanto, não concebido enquanto ser social e historicamente determinado. (1992, p. 10-11).

Nos modelos das disciplinas científicas, há marcas do mecanicismo e do organicismo. No primeiro, a visão do homem máquina, que responde a estímulos do meio e é por ele condicionado. Na Psicologia, tal concepção determina a criação de teorias ambientalistas que objetivam controlar e prever o comportamento humano. O sujeito da aprendizagem apenas reage, e o profissional da educação transmite os conteúdos, organiza o ambiente da melhor maneira possível para que o condicionamento seja eficaz, isto é, para que se atinjam os objetivos esperados, anteriormente planejados. Nos casos de insucesso procura-se as causas nas contingências aplicadas ao sujeito e nas respostas dele.

No segundo modelo, organicista, assume-se o Ser Vivo, organizado, ativo, fonte de seu próprio desenvolvimento. Na construção dos diagnósticos de deficiência mental e nos encaminhamentos das crianças para as classes especiais, essa matriz, esta maneira de olhar o Homem e sua constituição, está presente, orientando inclusive, os documentos "legais" em relação à Educação chamada de Especial. As classificações mais utilizadas decorrem do modelo médico, impregnado de noções com forte caráter de patologia, doença, medicação, tratamento... A inteligência, concebida como potencialidade, vem com o indivíduo e, portanto, uns têm mais que outros. A concepção inatista da inteligência, organicista por excelência, marca a visão de Homem como fruto do meio biológico. Neste sentido, também a História não escapa a este modo de olhar: ela é fruto da obra de heróis, dos iluminados, e a Educação tem como finalidade fazer aflorar potencialidades, evidentemente dos que já as têm em germe.

Na perspectiva de contribuir à análise de situações concretas de produção do fracasso escolar, no que concerne à repetência e ao encaminhamento de crianças à classe especial (problema que tipicamente afeta os filhos da classe trabalhadora), focalizamos aspectos do cotidiano da escola e da rede institucional em que o ensino especial se organiza e se realiza: a escola, a sala de aula, a professora, as psicólogas que aplicam testes, os testes, as crianças, os cadernos, as falas, as escritas, os silêncios... Nosso intuito era buscar as bases teóricas que sustentam as práticas implicadas na organização do ensino especial, as quais são pertinentes tanto ao sistema de saúde como ao de educação. Abordamos o problema e as perspectivas de solução de um ponto de vista – de um mirante[1] – que permitiu a produção de significados e o confronto com outros mirantes. Nosso referencial é a concepção histórico-cultural, com ênfase nas contribuições de L. S. Vygotsky. Segundo Wertsch, o enfoque de Vygotsky buscou preencher uma lacuna da Psicologia, pela tentativa de superar o isolamento (intelectual e interdisciplinar) em que aquela se encontrava em relação a outras disciplinas. Nessa tentativa, contribuiu para que a Psicologia fizesse parte de uma ciência social mais ampla.

Cabe-nos destacar os grandes temas que constituem o núcleo de sua teoria:

1. O estudo das funções psíquicas superiores do ponto de vista genético e de sua transformação.

2. A tese de que os processos psicológicos superiores têm sua origem em processos sociais e têm natureza social, numa visão de constituição mútua de fenômenos individuais e sociais.

3. A análise dos processos mentais pela compreensão dos signos que atuam como mediadores. Em outras palavras, a tese da mediação semiótica.

4. A concepção de processo de conhecimento como relação entre o Sujeito e o Objeto a ser conhecido, necessariamente mediada por outro sujeito.

---

1. Mirante – termo usado por Werner para referir-se ao ponto de vista do qual se parte para analisar um problema.

POSSIBILIDADES DE HISTÓRIAS AO CONTRÁRIO

Com base nas obras de Marx e Engels, Vygotsky tentou seguir princípios do materialismo dialético na perspectiva de criar uma Psicologia que superasse as falhas por ele debatidas na maneira de ver o homem, pelas correntes vigentes em sua época (Psicologia que tinha apenas cerca de 50 anos como campo delimitado de conhecimento científico). Nas polêmicas teóricas de então, estavam, de um lado, os associacionistas, que viam a consciência como um conjunto de conteúdos mentais e, de outro, os funcionalistas, para quem a consciência era vista como uma função do organismo.

Vygotsky argumentava que as origens das funções psicológicas superiores deveriam ser encontradas nas relações sociais das quais o indivíduo participa. No entanto, em tal visão, o meio não determina os comportamentos de indivíduos passivos, mas o homem participa do processo de criação deste meio. O homem altera, modifica e cria instrumentos; a sociedade organiza as tarefas do novo ser que acaba de nascer; a linguagem é mediadora de toda esta relação, significando conceitos generalizados, fonte e produto-produção do conhecimento humano.

Com a concepção de homem como ser sociocultural, com uma história de desenvolvimento na qual o movimento se faz do funcionamento interpessoal para o intrapessoal, a visão de desenvolvimento e aprendizado distingue-se das outras correntes.

Vygotsky critica três grandes posições teóricas. Uma delas centrada no pressuposto de que desenvolvimento é pré-requisito para a aprendizagem, ou seja, o desenvolvimento antecede a aprendizagem; trata-se da visão maturacionista que marca muitas teorias da Psicologia. Outra, vinculada ao funcionalismo e behaviorismo postula que Aprendizado é Desenvolvimento; são processos que se equivalem. Uma terceira posição seria a que deriva da teoria da Gestalt, segundo a qual o Desenvolvimento depende tanto da maturação como do Aprendizado.

A prática decorrente destas posições teóricas precisa ser captada também à luz de sua matriz de pensamento. Assim, podemos identificar a concepção mecanicista presente tanto no diagnóstico da criança (centrado na deficiência) quanto na proposta educacional (centrada no arranjo do Meio e dos meios). Da mesma forma, detectamos a concepção organicista, que, no diagnóstico, centra-se na criança (atestando a imaturidade) e, na proposta pedagógica, centra-se também na criança (atrelando programas no nível do desenvolvimento diagnosticado).

Examinar as crenças por trás de uma teoria faz-se necessário na busca de dar sentido a conceitos e preceitos, constituídos na linguagem. O trabalho conceitual da razão é construção histórica – depende do pressuposto sobre o ser humano – e o jogo da linguagem serve para fazer o jogo ideológico. Ser chamado de "deficiente mental", "discrepante", "desviante" significa estar ideologicamente marcado para sê-lo. Segundo Bakhtin, a palavra não só representa, ela faz com que seja.

Vygotsky propôs que as funções psicológicas aparecem duas vezes, ou seja, em dois planos. Primeiro aparecem na relação da criança com as pessoas, como uma categoria interpsicológica, e, então, dentro da criança, como uma categoria intrapsicológica.

Desenvolvimento e aprendizagem não são iguais, se vistos deste mirante. A aprendizagem também não está subordinada ao desenvolvimento; estes processos constituem-se reciprocamente. *"O aprendizado humano pressupõe uma natureza social específica e um processo através do qual as crianças penetram na vida intelectual daqueles que as cercam"* (Vygotsky, 1989, p. 99).

Para Vygotsky, o aprendizado organizado de forma adequada resulta em desenvolvimento mental e movimenta vários processos desse desenvolvimento. Processos estes que, sem o aprendizado, seriam impossíveis de acontecer.

O autor chama a atenção para o fato de que é necessário considerar não apenas o nível de desenvolvimento já conquistado, já consolidado, mas também o nível de desenvolvimento proximal, ou seja, a esfera de um funcionamento emergente, vinculado a possibilidades de resolver situações com a ajuda de outras pessoas mais capazes. Muitas tarefas que as crianças não conseguem realizar, por si mesmas e sozinhas, podem ser realizadas com ajuda. Isto, para Vygotsky, indica que ela poderá funcionar autonomamente, no futuro, frente a situações em que, agora, só consegue resolver em colaboração. É verdade também, que esta modificação no desenvolvimento, com a participação de outras pessoas, vai ocorrer quando o nível de desenvolvimento da criança permitir. Não se trata das 'etapas' de desenvolvimento de que falam outras teorias, mas trata-se de momentos de funcionamento que permitem avançar para níveis superiores de desenvolvimento. Essa perspectiva, como toda a teoria de Vygotsky reitera, coloca a importância da construção coletiva do ser psicológico. O conceito de zona de desenvolvimento proximal refere-se, portanto, a caminhos possíveis no processo de desenvolvimento. Caminhos estes que poderão não ser percorridos, apesar de sua possibilidade, dependendo da atuação do grupo social.

Dessa forma, olhando deste mirante, o diagnóstico da deficiência mental está orientado para a superação do "defeito". Em suas discussões sobre deficiência e educação, Vygotsky enfatiza que os pontos fortes do funcionamento da criança são relevantes para uma proposta pedagógica. A preocupação é com o funcionamento emergente. E as metas da educação deveriam ser as mesmas, tanto para as crianças consideradas normais como para as que apresentam alguma deficiência.

O pensamento de Vygotsky põe a necessidade de exploração de outros caminhos, tanto porque se propõe a isto quanto por ter uma inspiração interdisciplinar.

Em relação às questões que nos propomos analisar aqui, a tese da mediação semiótica, em Vygotsky, aponta para o signo (a palavra de maneira especial) e o "outro" como constitutivos do sujeito. E, se privilegiamos esta tese, precisamos buscar contribuições de outros interlocutores, as quais podem enriquecer as análises.

Bakhtin diz que *"a palavra é o fenômeno ideológico por excelência"* e que *"toda palavra é absorvida por sua função de signo"* (1992, p. 36). Afirma, ainda, que um signo pode distorcer uma realidade ou ser fiel a ela, sempre sujeito a critérios ideológicos de avaliação.

A palavra, portanto, está repleta de conteúdo ideológico que vai constituindo as relações entre as pessoas, vai marcando as leis, as instituições, os discursos, as verdades, as mentiras, o conceito de certo e de errado, do que pode ser dito e como pode ser dito, dependendo do lugar social ocupado pelo enunciador. Em relação a nosso objeto de interesse, a dimensão ideológica dos signos marca as distinções entre o que é normal e anormal, de quem é ou não é portador de deficiência mental, de quem deve ou não freqüentar uma classe especial. Isto porque *"as palavras são tecidas a partir de uma multidão de fios ideológicos e servem de trama a todas as relações sociais em todos os domínios"* (Bakhtin, 1992, p. 41).

É possível dizer que tanto Vygotsky como Bakhtin nos afirmam, cada um de sua maneira, que todos os homens participam de uma realidade social, e é somente por meio da interação entre sujeitos, mediada pelos signos, que se passa a ser HOMEM.

Uma outra contribuição de Bakhtin nos é muito importante; trata-se do conceito de diálogo. Ele diz que o diálogo é uma das formas mais importantes da interação verbal, concebendo diálogo como toda comunicação verbal, de qualquer tipo que seja.

Bakhtin enfatiza a importância da natureza social dos signos, em particular da palavra enunciada, e de como esta enunciação desdobra-se dialogicamente. Enquanto socialmente determinados, os signos são ideológicos e a palavra enunciada vai se transformar com/como o contexto social. Indispensável para nossa análise o questionamento de como se dão as interações na construção da idéia de deficiência, bem como a construção das possibilidades de superação dessa visão. Muitos de nós, envolvidos nos sistemas constituídos, não nos reconhecemos neles. Porém, não há EU desprovido de classe e a palavra é o território comum de luta. É com o outro e pelo outro que as regras se constituem. As observações de episódios, gravados em vídeo, das relações entre a criança e o seu texto, entre a criança e o outro, poderão ser melhor compreendidas tomando como foco de análise o diálogo e os fatores que o determinam: o contexto (as condições de produção) e a recepção ativa do discurso de outro. Tais diálogos constituem o funcionamento mental dos sujeitos. Bakhtin diz que *não é a atividade mental que organiza a expressão, mas ao contrário é a expressão que organiza a atividade mental, que a modela e determina sua orientação*" (1992, p.112). Eis porque no decorrer de nossas reflexões voltaremos algumas vezes a buscar contribuição em Bakhtin, sobretudo para compreender como o mundo interior de cada indivíduo "tem um auditório social próprio bem estabelecido", as implicações dessa concepção para as intervenções pedagógicas e também para compreender as condições de produção de conhecimento sobre a linguagem escrita, em sala de aula.

A leitura de Bakhtin nos faz tomar consciência das muitas vozes que existem na voz que pensamos ser de cada um de nós. Cada enunciação traz consigo as enunciações dos outros, refletindo trocas sociais. E se assim é, por que tanta insistência do sistema escolar em exigir a palavra do aluno (como se ela se originasse nele), cada um com a sua voz e palavra, como se isso fosse possível? Dizer com suas próprias palavras... o quê? Como se as minhas palavras não fossem senão palavras minhas-alheias?

Das contribuições de Bakhtin, sobressai-se a importância de examinar como e o que os diferentes sujeitos dizem na rede institucional que configura as crianças deficientes; como dialogam, como seus diálogos são atravessados pela ideologia do signo. Neste sentido, faz-se necessário complementar as análises com alguns indicadores do funcionamento do discurso, nas instituições a serem focalizadas.

Além de nossa escolha em ter Vygotsky e Bakhtin como referência, outra fonte de contribuição foi Charles S. Peirce. Esse autor apresenta elementos teóricos que permitem elaborar critérios para se examinar as operações de interpretação de signos implicadas nos processos institucionais de configuração do "aluno de ensino especial". E, principalmente, para a análise das manifestações dos profissionais sobre avaliação e o instrumental que utilizam para detectar deficiência nas crianças da escola pública que não conseguem acompanhar o trabalho pedagógico da sala de aula regular.

O lugar de onde estamos querendo olhar está se delineando. Fomos buscar sentido em falas, em vozes de autores que, de alguma maneira, já permeiam nossas reflexões há algum tempo. Quisemos marcar a presença de Vygotsky e sua reflexão sobre a gênese social dos processos de conhecimento numa perspectiva materialista dialética de investigação. Vygotsky aponta caminhos de natureza prática e orienta propostas para a educação da criança, tanto "normal" quanto "deficiente", em seus estudos de Defectologia. As teses que esse autor propõe – referentes à mediação semiótica, ao papel da linguagem na evolução do pensamento, à relação entre desenvolvimento e aprendizagem, à necessidade de um método genético de pesquisa, à constituição histórica da consciência (entre outros importantes conceitos que vimos apreendendo / aprendendo dele) – orientam a análise dos dados que construímos e das situações que vivenciamos durante o trabalho de pesquisa.

Ser escritor desse texto supôs ser ao mesmo tempo o primeiro intérprete do próprio texto, como sugere Peirce. O lugar do outro, que o intérprete ocupa no primeiro momento, vai sendo ocupado pelos leitores, ou, como nos indica Bakhtin, intérprete e constituição vão se constituindo mutuamente. É na crença nesta mútua constituição que entramos no movimento de dizer/ pensar/ escrever/ pensar/ dizer.

3

As armadilhas, as boas intenções e a trama em que mergulham as crianças com suspeita de deficiência mental

Você não sabia onde olhar e, você perdeu o que havia de mais importante. (Conan Doyle)

O cotidiano "está impregnado de conteúdo histórico" e somente uma abordagem dialética de pesquisa, que privilegie a investigação de processos, pode nos levar às explicações do que Vygotsky chamava de relações dinâmico-causais.

Escolhemos uma Escola Pública Estadual para a realização de nossa pesquisa e, durante um ano, estivemos presentes, todas as semanas, durante três horas, na sala de aula. A pesquisa do tipo etnográfico, caracterizada pelo contato direto do pesquisador com a situação pesquisada, foi desenvolvida pelos estudos de campo. Os acontecimentos gravados e registrados foram analisados por meio de uma abordagem microgenética – registro em detalhes do desdobrar das ocorrências, envolvendo minúcias do desenrolar do processo. Para isso, foram necessárias observações da transformação de um certo processo psicológico, a curto prazo.

Afirmações como a de Mauss de que os fatos autênticos são muitos e não faltam à ciência, porém são os cientistas que deixam de observá-los, nos remetem à questão da construção do conhecimento científico. Ginzburg sustenta que *"a idéia de utilizar pistas obscuras ou remotas de um modo especulativo para construir um modelo epistemológico foi um componente essencial – ainda que bastante ignorado – de nossa herança cultural"* (1991, p. 203).

POSSIBILIDADES DE HISTÓRIAS AO CONTRÁRIO

Com base na compreensão dos mecanismos institucionais implicados na configuração do aluno de classe especial, é que pudemos compor nossa análise da rede de agentes de encaminhamento. Apoiamo-nos nas contribuições de Charles S. Peirce, filósofo norte-americano que contribuiu decisivamente para que a Semiótica se tornasse uma disciplina independente. Esse autor definiu o signo como uma relação de três termos: o representâmen, o objeto e o interpretante. Todo signo, portanto, cria relações: de comparação, de desempenho, de pensamento. Um signo é algo que, sob certo aspecto ou de algum modo, representa alguma coisa para alguém, ou seja, o signo torna eficaz uma relação não eficaz.

Esse autor distingue três níveis de signo: *ícone, índice, símbolo*. Ícone é um signo cuja relação com seu objeto é um caráter do próprio objeto. O índice mantém uma relação real com o objeto. O símbolo se refere a alguma coisa pela força de uma lei, instituída socialmente.

Como ícones temos por exemplo as imagens, os desenhos, os diagramas. Como índices, o relógio, os sintomas, ou qualquer coisa que surpreenda ou assinale a junção de duas porções de experiência (cinzas, pegadas, marcas). Um símbolo é um representante cujo caráter representativo consiste precisamente em ele ser uma regra que determinará seu interpretante. Ex.: palavras, textos, signos convencionais. Como não há categorias puras de signo, as três dimensões das idéias se entrelaçam. O signo perfeito envolve o icônico, o indicial e o simbólico.

Para Peirce, todo conhecimento depende da formação de uma hipótese. Ele propõe que o conhecimento não pode avançar além do estágio do olhar que observa despreocupado, se não se fizer, a cada passo, uma abdução. Para ele, uma hipótese deve sempre ser considerada como uma pergunta, e, embora todo conhecimento novo surja de conjeturas, elas são inúteis sem o teste de averiguação. Enquanto a dedução consiste na busca de conclusões particulares de acordo com premissas gerais, e a indução concerne ao processo oposto, estabelecendo-se em ambos os casos algo que é, a abdução sugere que algo pode ser. Trata-se da única operação lógica que introduz uma idéia nova... Na abdução, há um fato observado com o qual o sujeito é confrontado, fato este que precisa de explicação e, para isto, se recorre a leis ou regras conhecidas. A abdução permite supor a origem de um fato; já a dedução prova algo que deve ser, e a indução determina o valor de uma relação, deriva a regra, partindo do resultado.

Peirce esclarece que *"aqueles problemas que, à primeira vista, parecem totalmente insolúveis recebem, na própria circunstância (...), suas chaves mais reveladoras. Isso nos habilita, em particular, ao Jogo de Ruminação"* (apud Eco e Sebeok, 1991, p. 35).

Essas elaborações sobre signos e processos de sua interpretação salientam o fato de que *"os homens criam entre as coisas relações que não existem nelas, naturalmente"* (Pino, 1993, p. 54).

Em relação aos tipos de argumento que compõem o processo cognitivo, Bonfantini e Proni dizem que, em Peirce, destaca-se a importância da abdução, pois é por meio dela que podemos descobrir novas verdades, ainda que de modo aproximado e provisório.

Eco e Sebeok abordam semioticamente a abdução de Peirce, estabelecendo relações com vários autores, entre os quais está Conan Doyle (criador de Sherlock Holmes). Sherlock constrói um "diagnóstico" de uma patologia criminal, reunindo pistas por hipótese. A esta reunião de pistas com base nos dados observáveis Peirce chamou de indução abdutória. Sherlock comenta que o raciocinador ideal, sempre que apresentado a um simples fato com todas as suas implicações, deveria deduzir dele não apenas a cadeia de eventos que o determinou mas também todas as conseqüências que poderiam decorrer daí. Para Sherlock, a preocupação com a verificação empírica das conjeturas é ponto central: *"É um erro capital teorizar antes de possuir os dados. Inadvertidamente, começa-se a torcer os fatos para acompanhar as teorias, ao invés de as teorias seguirem-se aos fatos. É um erro argumentar antecipadamente aos dados. Você se vê inconscientemente distorcendo-os para adequá-los às suas teorias"* (Conan Doyle, 1991, p. 34).

Referindo-se às qualidades de um detetive ideal, Sherlock diz que elas são: conhecimento, poder de observação e poder de dedução. Ele acredita muito no poder da análise científica para reconstruir eventos humanos e, para isto, é preciso saber raciocinar retrospectivamente (dos resultados para as causas).

No contexto das histórias de detetives, *"qualificar um certo dado como 'fato' significa dizer que um sintoma foi já, imediata e definitivamente transformado em signo"* (Caprettini, 1991, p. 160).

Há limitações em considerar um sintoma como fato, sendo necessária uma análise mais apurada das circunstâncias, do contexto e da hipótese de estar havendo uma simulação do sintoma, seja por parte de quem os apresenta, seja por parte de quem os observa.

Qual a evidência circunstancial que deve ser valorizada? Quem é o culpado? Quais pistas selecionar? O que observar? Onde o âmbito da investigação é insuficiente? O que mais procurar? Como dirigir a pesquisa? Há um perigo constante das falsas evidências, conexões equivocadas, hipóteses inadequadas, enganos persuasivos.

A que poderia nos levar a apresentação destes interlocutores, para nosso caso específico – analisar o encaminhamento das crianças da escola pública para a classe especial? O que teriam Peirce e Conan Doyle (Sherlock Holmes) a ver com estudos sobre o fracasso escolar?

Nossa análise de uma situação numa escola pública, acompanhando um aluno multirrepetente, candidato à classe especial, bem como as entrevistas com a equipe responsável pelo "diagnóstico" da deficiência e pela determinação ou não da "sentença de culpa", levou-nos a indagar sobre os motivos de tal encaminhamento e a descobrir que espécie de detetives são estes, que aplicam testes, lêem estes testes e concluem que uma criança é deficiente, precisando ser transferida para uma classe diferente, destinada a crianças diferentes.

Termos como "imaturidade", "lentidão", "disfunção", "dislexia", "atraso mental", "raciocínio fraco", "pré-operatório", "hiperativo", "desligado" e muitos outros invadem o cotidiano da sala de aula, acabam por fazer parte da fala dos professores. O que era hipótese acaba por se transformar em verdade absoluta, e, portanto, incontestável. E esta verdade acaba por ser incorporada como crença. Em termos da atividade de detetive, o observador vê numa característica o sintoma e o toma como signo da deficiência.

Examinando o trajeto de crianças, da suspeita à comprovação de sua deficiência, e, daí, ao seu encaminhamento à classe especial, pudemos ver acontecendo o que Patto caracteriza: *"Diagnósticos da precariedade da escola pública de primeiro grau continuam a conviver, muitas vezes no mesmo texto, com a afirmação de que devido principalmente a influências externas à escola, as crianças pobres são portadoras de dificuldades escolares que lhes são inerentes"* (1993, p. 121, grifo nosso).

Quisemos desvendar os caminhos e os motivos do encaminhamento das crianças de uma classe regular para uma especial e por isso buscamos explorar circunstâncias que desencadeiam e consolidam as decisões.

Em entrevista, a supervisora das Classes Especiais de uma Delegacia de Ensino nos falou de suas dificuldades com a legislação, sua preocupação com a caracterização inadequada das crianças suspeitas de deficiência. Ela nos apresentou o problema, contando que o encaminhamento dos alunos das classes comuns ou regulares para as Classes Especiais de Deficientes Mentais é realizado com base na suspeita do professor da classe. É o professor (em sua quase totalidade, os pertencentes ao Ciclo Básico) que, uma vez suspeitando da deficiência do aluno, preenche uma ficha-questionário.

A supervisora nos disse que está previsto nas normas gerais, fixadas pela Deliberação CEE 13/73 e na Resolução 247/86, que deverão ser devidamente diagnosticadas as deficiências auditiva, visual ou mental. Quando o Município tem um serviço público de atendimento especializado, o aluno sob suspeita vai fazer a avaliação com o psicólogo. Este, então, devolve um relatório de encaminhamento ou não para uma Classe Especial. Não costuma haver orientação ao professor, no caso da não-constatação de deficiência. Neste caso, a criança permanece na classe regular (de onde seu professor suspeita que ela deva sair).

"No caso de não haver serviço especializado, a dificuldade é grande", afirmou a supervisora. Faz-se necessário procurar pela boa vontade de algum psicólogo que queira fazer a avaliação "de graça" ou por um preço equivalente a dez por cento do valor de uma consulta particular. Muitas vezes, acaba acontecendo de o encaminhamento ser feito pela diretora da escola ou mesmo pela professora da classe regular, sem que seja realizada nenhuma avaliação especializada.

Para que uma criança seja apontada como suspeita, é preciso que tenha permanecido pelo menos dois anos no Ciclo Básico, ou que a idade já esteja avançada devido à sucessivas reprovações.

A Supervisora constatou que a ida do aluno "difícil" para a Classe Especial é muitas vezes um alívio para o professor que tem uma classe numerosa e muito pouca ou nenhuma orientação para trabalhar com os alunos que lhe trazem problemas ou não aprendem. Ela falou de um documento preparado com informações básicas para os diretores e professores. Neste documento, podemos notar uma preocupação em preservar o aluno suspeito e atentar para a confusão entre Deficiência Mental e problemas de comportamento e/ou aprendizagem.

O texto alerta para o fato de que problemas de aprendizagem ou comportamento não significam, necessariamente, rebaixamento intelectual – outros fatores podem estar interferindo no processo de aprendizagem. Não especifica, entretanto, o que seja problema de comportamento, nem tampouco o que venha a ser problema de aprendizagem. Também não define Deficiência Mental (provavelmente porque estaria definida na própria legislação específica). No levantamento de informações sobre o processo de encaminhamento das crianças "sob suspeita", constatamos que um dos momentos decisivos é a aplicação dos testes. Foi o que aconteceu com M. Os dados dos testes, aplicados por psicólogos, médicos e pedagogos foram conseguidos numa entrevista com um profissional da área da Saúde, responsável pela avaliação das crianças submetidas a diagnóstico, na mesma rede institucional que estávamos buscando conhecer.

O aluno M. tem 9 anos. Está cursando a 1ª série pela 3ª vez. Em termos de um procedimento de investigação criminal, a queixa-crime é: não consegue aprender de jeito nenhum.

Algumas informações sobre M. foram consideradas, pelo "detetive", sem importância para o "diagnóstico": criança começando a ler, já escreve alguns grupos silábicos; começando a fazer autocorreção na leitura; melhorou muito seu desempenho escolar, se comparado com as avaliações feitas há um ano; a própria escola reconhece que M. evoluiu nesses aspectos.

Durante a entrevista, a psicóloga apresentou as seguintes informações:

Avaliação neurológica: EEG normal.

Outros exames: fezes e sangue – normal.

Testes psicológicos e pedagógicos realizados por profissionais habilitados:
WISC (Wechsler Inteligence Scale for Children), Haven, Reversal, provas piagetianas, Leitura/escrita, Numerais, T.M.P. (Teste Metropolitano de Prontidão), H.T.P. (House-Tree-Person)

Resultados das provas:

Escreve números até 39, na seqüência

Reconhece numerais até 25

Percebe quantidade, sem contar, até 3

Nomeia partes do corpo

POSSIBILIDADES DE HISTÓRIAS AO CONTRÁRIO

Acerta, no ditado, somente as palavras da cartilha. Levanta hipóteses para escrita das outras palavras. Ex: aga/água; ciaba/goiaba; oige/hoje.
Leitura ainda silabada.
Está no período Operatório nas provas de classificação (provas de Piaget), conseguindo justificar.
Operatório nas provas de seqüência
Operatório nas provas de Seriação.
Conserva nas provas de líquido.
Mas,...

Idade Mental de 4 a 5 anos.
Médio Inferior no teste de Prontidão para Alfabetização
Limítrofe (classificação do Wisc)
Em termos emocionais, criando fantasias com relação a sua esfera intelectual, pois pediria notas boas a uma fada. Desejo de proteção
Imediatista
Sentimento de inferioridade
Propõe a alvos inatingíveis

CONCLUSÃO:
Vai para classe especial. É muito lento. Q.I. inferior.

JUSTIFICATIVAS:
Na classe especial será mais bem atendido.
Perceberá que todos são lentos e não se sentirá diferente.
Os pais pararão de cobrar resultados e ele ficará mais calmo.
Não mais será repreendido por não acertar.
A professora da classe especial pode realmente ensiná-lo, e ele não terá mais que ficar adivinhando o que querem dele.

DECISÃO: Vai para classe especial
Vai ser atendido por uma fonoaudióloga
Vai para psicoterapia assim que tiver vaga no Serviço de Saúde.

PROGNÓSTICO: Daqui dois anos, a família deve ser avisada de que ele precisa ser encaminhado para profissionalização, pois não deve passar da 5ª série do primeiro grau. Não conseguirá atingir abstrações, no momento em que esse tipo de funcionamento mental for exigido.

A professora da classe especial, para onde M. foi encaminhado, recebeu o relatório dos profissionais que avaliaram a criança e fez as seguintes considerações, no encontro que mantivemos com ela:

> As crianças chegam para a classe especial com auto-estima baixa, devido aos sucessivos fracassos escolares. Escutam sempre dizerem: "você é burro", "não é capaz", "está errado". Chegam se recusando escrever. Escrevem bem clarinho e com letras muito pequenas – medo de escrever. Foram muito reprovados.

> As crianças dizem – continuou ela a contar – nós viemos para uma classe de burros. São tão habituados a serem criticados que vivem se criticando. Tiram proveito da situação: já que sou burro, posso fazer o que quero, quando eu quero e do jeito que eu quero. Demora muito para que elas voltem a querer progredir. Quero tirar o rótulo de classe especial. Digo que é 1ª ou 2ª série e nunca digo que é classe especial.

Qual significado dessas palavras? O signo que, inicialmente, incorporamos dos outros acaba por influenciar a nós mesmos, como afirma Vygotsky. Que jogo, então, podemos apreender nessas falas da professora?

Se seguirmos o caminho que nos aponta Bakhtin, a palavra não só representa, ela faz com que seja. Constitui e significa o mundo. Alunos e professora incorporaram conceitos de si e da classe especial e suas falas revelam os aspectos negativos que foram incorporados.

Mas, ainda segundo Bakhtin, na palavra que eu falo há outras vozes. É preciso que se parta, então, por meio de pistas e indícios, para um trabalho de procura dessas vozes. Quais as dos testes, das professoras, da legislação e das próprias crianças? Qual a condição de verdade das proposições?

Ao se falar em verdade, somos levados a sua definição clássica: "juízo perfeito" – um juízo do qual se pode dizer que o que ele anuncia é na realidade tal como o anuncia.

Como estão expressas as "verdades" sobre o encaminhamento das crianças para as classes especiais? Como são levantadas as pistas? De acordo com a Resolução SE 247/86, *"só poderão ser atendidos pela Educação Especial os alunos caracterizados como excepcionais por profissionais credenciados"* (art. 2º). No caso de a excepcionalidade ser a deficiência mental, o profissional credenciado é o psicólogo. Mas, este "detetive" encarregado de descobrir as excepcionalidades, as deficiências, e de provar, com seus testes, que a criança é realmente um deficiente, também precisa que alguém já tenha suspeitado antes, que alguém já tenha capturado pistas e as interpretado como indícios de deficiência.

A mesma Resolução nos diz quem é que desconfia primeiro do nosso aluno: *"O encaminhamento para avaliação específica, de alunos de classe comum, suspeitos de excepcionalidade, deverá ser precedido de avaliação educacional de responsabilidade do(s) professor(es) e diretor da unidade escolar"* (Resolução SE/247/86, in Diretrizes da Educação Especial, p. 25).

O aluno M. estava dando trabalho para a professora: não acompanhava a classe, era lento – ela precisava apagar a lousa e ele ainda não havia terminado de copiar. Os outros alunos já liam e ele ainda não. Era muito desatento.

A instituição responsável pela avaliação recebeu o relatório da professora, começou a avaliar, constatou a lentidão e as dificuldades, mas muito antes de terminar a avaliação, quase um mês antes, ou melhor, quatro testes antes, já concluiu: "É um caso de Classe Especial."

Evidentemente que havia e há a crença na validade dos testes. A crença de que este instrumento mede realmente a (falta de) inteligência, a capacidade, a maturidade... Como pressuposto, parece estar uma concepção híbrida de desenvolvimento e aprendizagem, justapondo as crenças de que a criança precisa estar madura antes de poder aprender e de que desenvolvimento e aprendizagem são processos coincidentes.

Chegamos mais perto dos profissionais credenciados, daqueles cujas palavras marcam o veredicto.

Numa entrevista com o grupo de seis profissionais que trabalham na área da Saúde (no município em que está localizada a escola que é objeto deste estudo), encontramos respostas para algumas indagações. Ficamos sabendo o que esses psicólogos, pedagogos e fonoaudiólogos pensavam sobre a existência e a eficácia da Classe Especial como recurso para os chamados deficientes mentais; quem era o aluno especial; como chegam à conclusão da deficiência e o que consideram como pistas mais relevantes para a indicação a uma classe especial; quais outros caminhos conseguem vislumbrar e qual o referencial teórico para o trabalho que realizam.

Queríamos entender o encaminhamento de crianças para a classe especial, e um dos ângulos importantes estava nos procedimentos da instituição encarregada dos testes, dos diagnósticos, prognósticos e deliberações.

Nem todos os profissionais assumiram as mesmas posições diante das questões abordadas. Houve a fala de uma psicóloga que revelou momentos de dúvidas a respeito da eficácia dos testes. Aconteceu, também, de uma das pedagogas criticar, explicitamente, os questionamentos que alguns autores fazem em relação à necessidade de existência da classe especial. Conseguimos apreender que a suspeita começa com o professor,concretizado em formulários de pedido de avaliação, mas nem sempre é confirmada pelos profissionais desta instituição. Pode acontecer de a suspeita se dar por outro profissional que trabalha com a criança, ou mesmo num exame médico de rotina, num posto de atendimento.

Crêem que a necessidade de trabalho especial com crianças especiais justifica-se pelas diferenças individuais. Levantam a formação insuficiente dos professores das classes regulares e o número exagerado de alunos por classe como impedimentos para o bom atendimento aos que precisam de mais atenção.

O objetivo da Classe Especial é alfabetizar as crianças deficientes e "devolvê-las" para a classe regular. Relatam que esta volta acaba acontecendo quando as crianças têm condições pessoais para isto e são bem trabalhadas pelo professor da classe especial. Isso poderá ocorrer dependendo também de como o professor da classe regular recebe um egresso da classe especial (e reconheceram que, às vezes, há preconceito do professor).

Para esse grupo de profissionais, que representa a rede de encaminhamentos de crianças, as classes especiais dão bom atendimento, pois as crianças que as freqüentam acabam lendo, escrevendo e fazendo cálculos. Uma das psicólogas lembrou que algumas crianças chegam até a 5ª série e depois não vão mais: "Há crianças que param aí mesmo, pois permanecem com dificuldade de raciocínio, não entram no 'operatório'. Até classificam, mas não justificam. Não adianta trabalhar com estruturas de Piaget, elas não conseguem abstrair."

No caso de a criança não conseguir prosseguir nos estudos, a instituição se encarrega de encaminhá-la para profissionalização.

Perguntamos sobre o risco de se confundir problemas chamados de intelectuais com a situação socioeconômica da família da criança (tentando iniciar uma reflexão sobre o mito da carência cultural, tão próximo do mito da diferença individual):

"Corre-se o risco sim. Carência cultural cria problemas, sim. O econômico determina a luta pela sobrevivência e o emocional fica muito ruim" – foi a fala de uma das pedagogas.

Definiram Deficiente Mental Circunstancial como aquela criança que parece deficiente porque sofreu problemas de ordem externa, sejam eles familiares, emocionais, ou mesmo escolares. Este tipo de deficiente não é, segundo elas, encaminhado para uma classe especial. Os profissionais da instituição acompanham e tentam alterar as situações que estão ocasionando o problema.

Não há como negar as boas intenções. Os profissionais trabalham nesta instituição, o dia todo, todos os dias, ganhando um salário bem abaixo do que se pode considerar justo. Ficam satisfeitos em poder ajudar as crianças carentes, que são as que procuram os serviços de Saúde da Prefeitura: "Procuramos sempre caminhos novos e ficamos felizes quando uma criança consegue sair do rés do chão." – disse-nos uma das pedagogas da equipe.

No entanto, o olhar está voltado para os indícios das impossibilidades. Há uma profecia da rede institucional predestinando o fracasso escolar. Os "detetives" encarregados de investigar a "normalidade" ou "patologia" de uma criança da camada popular da nossa sociedade acabam por deixar de procurar e, portanto, deixar de ler indícios de possibilidades. Para tanto, seria necessário um esforço abdutivo, que cria idéias novas (conforme Eco e Sebeok, 1991). O âmbito da investigação, porém, não abrange essa leitura, de modo que algumas coisas são tomadas como indícios de nada, isto é, como não indícios; outras são privilegiadas.

Na fala dos profissionais parece não haver clareza da necessidade de consistência quanto aos pontos de referência teórica que embasem a prática e cujos princípios sirvam como elementos de reflexão. Falam de Piaget, de diferenças individuais, de período operatório, de deficiências causadas por circunstâncias ambientais, de capacidades inatas, como se todos estes conceitos pertencessem a um mesmo quadro teórico.

Esperam que as crianças das classes especiais voltem logo para as classes regulares, mas profetizam que algumas só vão conseguir cursar até a 5ª série, desconsiderando que o ser humano é plástico, por funcionar simbolicamente e segundo condições histórico-culturais. Faz-se com outros seres humanos, numa relação permanente, pela linguagem. De acordo com Vygotsky, a realização sociopsicoló-

POSSIBILIDADES DE HISTÓRIAS AO CONTRÁRIO

gica dos pontos fortes da criança, e não o defeito em si, decide o destino de sua personalidade.

Retomando interlocutores que focalizam a figura do detetive, lembramos Sherlock ao dizer para Watson: *"Muitas pessoas, se você lhes descreve uma série de eventos, conseguem dizer qual será o resultado. Há poucas pessoas porém, às quais se oferece um resultado e que se mostram capazes de descobrir, a partir de seu foro íntimo, quais etapas conduziram a este resultado. É a esse poder que me refiro quando falo de raciocinar para trás, ou analiticamente"* (Doyle, p. 142).

Durante a leitura do relatório da avaliação de M., não identificamos, em qualquer momento, a busca de capacidades efetivas e potenciais desta criança. Em nenhum momento foi investigado como ela brinca, como empina papagaio, como conversa com seus colegas, como planeja uma travessura, como dança, como realiza trabalhos domésticos, como se equilibra no muro... Nem tampouco foram levadas em consideração as suas fantasias, as suas tentativas de escrever com as letras que conhecia, sua capacidade de memorizar as palavras da cartilha (que ele sabia escrever no ditado), suas estratégias para fazer pelo menos uma leitura silabada... Os detetives "credenciados" não tomaram essas ocorrências como indícios.

Ginzburg diz que ninguém aprende a ser um perito ou a fazer diagnósticos apenas aplicando as regras (e nós diríamos que ninguém poderia fazer um diagnóstico bem feito somente aplicando testes). Aquele autor continua dizendo que, com esse tipo de conhecimento, há fatores em jogo que não podem ser mensurados – *"um cheiro, um olhar, uma intuição"* (1991, p. 128). Completaríamos dizendo que os detetives da classe especial não investigaram muitos dos indícios de "saber", de "quase saber", ou mesmo de "ainda não saber".

O problema foi claramente colocado *no* aluno. É *dele*. Lembremos que, dos modelos de que falamos anteriormente, esta centração do problema na criança revela a concepção mecanicista (o defeito está na máquina), bem como organicista (a imaturidade da criança, um problema no organismo); do nosso ponto de vista, esses modelos não permitem interpretar adequadamente o fracasso escolar.

Em nenhum momento causas alternativas desse fracasso foram sequer levantadas. Os determinantes políticos, sociais, ideológicos, educacionais, pedagógicos foram escamoteados. O sistema ficou isento de investigação. A formação insuficiente do professor aparece como justificativa para que as crianças que precisam de uma atenção maior sejam encaminhadas para a classe especial. Não acentuam os determinantes desta formação insuficiente. Os fatores intra e extra escolares não fizeram parte da busca dos responsáveis.

Nosso propósito inicial de analisar um caso de fracasso escolar exige que busquemos um pouco da história da construção das pistas que são usadas para interpretar os casos de deficiência mental (que é nosso foco de atenção no momento).

Como nos aponta Patto, Sir Francis Galton caminhou pelas correntes da Psicologia diferencial (estatística, biologia, psicologia experimental, testes psicológicos, determinação hereditária, aptidões naturais humanas etc.) e, assim, foi precursor dos testes psicológicos. Tentou medir processos sensoriais e motores, tendo em vista estimar o nível intelectual. Uma das crenças vigentes, no século XIX, era a de que o mundo da classe média estava aberto a todos. Aos que não conseguiam sucesso eram atribuídas incapacidades pessoais, decorrentes de sua falta de inteligência, sua falta de força moral ou coisa que o valha. A preocupação com as diferenças individuais e seus determinantes ocorria no âmbito da ideologia da igualdade de oportunidades. Daí a busca de detecção "científica" do normal/anormal, apto/inapto.

Parece que Galton ia mais além em seus objetivos – pretendia interferir nos destinos da humanidade pela noção de eugenia. Suas idéias sobre inteligência herdada marcaram época na Psicologia. Talvez seja um atrevimento dizer que esta época ainda perdura...

Patto (1993) ainda nos lembra que o aumento da demanda social por escolas nos países capitalistas da Europa e da América trouxe a necessidade de explicar as diferenças de rendimento entre os alunos e o acesso desigual destes aos diferentes níveis escolares. O critério legitimado era o "mérito pessoal". Segundo a autora, a Psicologia contribuiu para sedimentar estas idéias na exata medida em que *os testes de inteligência, favorecendo via de regra os mais ricos, reforçavam a impressão de que os mais capazes ocupavam os melhores lugares sociais"* (1993, p. 40).

No período de quase um século, algumas palavras mudaram, mas permaneceram fundamentalmente as mesmas explicações – as crianças pobres não conseguem aprender na escola, porque têm deficiências, sejam elas de natureza biológica, psíquica ou cultural.

Na década de 60, o sistema escolar americano entra em crise: fracasso dos "negros" e da própria "classe média". A reação aos conflitos não tarda e *"Arthur Jensen 'prova' que as diferenças de Q.I. entre brancos e negros são geneticamente determinadas.(...) e disseminam-se os testes de Q.I., inclusive em revistas leigas"* (Moysés e Collares, 1992, p. 39). O sistema sociopolítico novamente fica isento, e a vítima se torna culpada.

O que acaba acontecendo nesse processo é o que se tem denominado como viés do olhar do cientista. Na busca de comprovação empírica da hipótese levantada, os resultados acabam por apresentar estatuto de verdade e de cientificidade.

Caprettini fala da parcialidade inevitável no olhar do narrador (diríamos do pesquisador, do aplicador e intérprete dos testes). Há sempre a escolha de uma abordagem interpretativa que põe em destaque certos elementos em vez de outros, e o leitor de indícios desempenha um papel, nesta interpretação.

A leitura implica decisões constantes, de modo que controle a pressão dos indícios. Mesmo nos casos das pistas, observamos diferenças e mesmo conflitos entre as várias pessoas que as investigam.

Schaff pergunta: *"(...) os historiadores mentem quando, se bem que dispondo dos mesmos materiais históricos acessíveis a uma época dada, escrevem histórias diferentes?* Administram a prova da não cientificidade da história quando, como resultado de uma mudança das condições da época, (...) reescrevem a história e, além disso, fazem-no reinterpretando-a em outros termos?"* (1991, p. 306).

E ele responde negativamente às duas questões. Diz que é falsa a idéia de que o historiador começa suas investigações pelos fatos, que é igualmente falso supor que os fatos constituem o objeto do seu empreendimento e que estes erros são seqüelas do positivismo. Na verdade, segundo ele, o historiador (e, de certo modo, não somos nós historiadores também?) não parte dos fatos mas dos materiais históricos, das fontes, e daí constrói os fatos. Constrói-os na medida em que seleciona os materiais disponíveis em razão de um certo critério de valor. Assim, os fatos históricos não são um ponto de partida, mas um fim, um resultado. Por conseguinte, não há nada de espantoso em que os mesmos materiais, semelhantes a uma matéria-prima, sirvam para construções diferentes. Os profissionais do encaminhamento fazem uma certa leitura, constróem certos fatos.

Pensamos serem os passos rumo a re-significações que nos levarão, pelo menos neste momento, a uma possível, relativa e provisória análise da questão do fracasso escolar, que passa pela interpretação dos indícios que os testes e as concepções de inteligência e normalidade nos apontam.

Como ajudar uma criança que, na verdade, representa a maioria das crianças da escola pública, que não consegue acompanhar um programa escolar, que exclui crianças/vítimas, oriundas das classes trabalhadoras? De que servem testes que afirmam seu Q.I. inferior, Idade Mental abaixo da sua idade cronológica, ou que "demonstram" problemas emocionais, que a identificam como incapaz de aprender como as outras crianças? No entanto, ainda estamos vendo desvios do que é considerado padrão de conduta (valorizado pela classe dominante, e que professores, psicólogos e legislação continuam a defender) serem apontados como sintoma de doença, indício de patologia. Estes mesmos indícios vêm justificando o encaminhamento de crianças para as classes especiais destinadas a deficientes mentais e vêm negando os determinantes sociais de tais "desvios", sem perguntar o que é que a escola tem a ver com tudo isso.

Os casos de crianças que, por algum motivo, de alguma forma e em algum momento, não conseguem acompanhar seu nível escolar podem ser examinados focalizando não o atraso, mas o espaço de possibilidades.

Segundo Vygotsky, entender os fenômenos psicológicos da perspectiva tanto do futuro como do passado representa essencialmente a necessidade dialética de perceber os fenômenos em movimento e trazer à luz as suas tendências orientadas para o futuro, determinadas pelo presente. O ensino de crianças com algum tipo de atraso deveria ser baseado no fato de que com o "defeito" vêm tendências psicológicas para combatê-lo. Sugere que o planejamento educacional se oriente pela noção de compensação. O que temos de buscar são as forças positivas do "defeito", dirigindo-nos para alcançar o que é socialmente valorizado, construindo assim a auto-estima perdida ou não estabelecida.

Diferentemente dos animais, os seres humanos são capazes de formações sempre novas dos sistemas cerebrais e, por isto, mostram imensas possibilidades de compensação. Segundo Leontiev, o cérebro humano é *"um órgão capaz de formar órgãos funcionais"* (1978, p. 271).

Não podemos nos guiar pelo que a criança não é. É necessário descobrir, como tarefa histórica, a superação do fracasso escolar, nas capacidades. Que leis guiam o desenvolvimento? O que está a favor, e não contra, o desenvolvimento das crianças rotuladas como deficientes? Como lutam contra a discriminação? Quais são as expressões específicas das suas dificuldades? Como poderão os testes que medem o Q.I. diagnosticar o tipo de criança com o qual estamos lidando? Que instrumentos de avaliação poderão nos dar uma visão dos "sintomas" que indicam luta contra as perdas?

Vygotsky diz que o surgimento dos processos compensatórios e de desenvolvimento, como um todo, depende não apenas da natureza e gravidade do defeito, mas também da realidade social do defeito. Sugere que a reserva das forças compensatórias deve ser encontrada na vida social, coletiva da criança. O coletivo torna-se fonte de desenvolvimento das funções psicológicas superiores.

É interessante como Vygotsky, ao abordar a deficiência, faz-se perguntas, como se fosse um detetive familiarizado com Peirce, buscando os signos para compreender a criança/vítima do fracasso escolar:

> Todos os sintomas têm igual valor? Todos têm a mesma relação com a causa primária (biológica)? São todos eles sintomas primários? Surgem ao mesmo tempo, mediante o mesmo mecanismo? Há entre eles sintomas primários e secundários (determinados pelo meio social), alguns surgindo mais cedo e outros mais tarde? (1989, p. 112)

Desta forma, os sintomas não podem ser colocados todos no mesmo nível. Os indícios não dizem todos a mesma coisa.

Parafraseando Vygotsky, perguntamos sobre um aluno "diagnosticado" com Idade Mental de 8 anos, estando com 10 anos de idade cronológica:

1. está apto a cursar bem uma classe para crianças normais de 8 anos (aproximadamente uma 2ª série, em nosso Estado)?
2. apresenta um quadro psicológico de uma criança normal de 8 anos?
3. poderia, com uma influência pedagógica muito boa, alcançar, logo, idade mental correspondente a sua idade cronológica?

Na verdade, em muitos casos, o atraso, se é que existe, está ligado às condições de inserção cultural da criança. Esta, quando excluída de um contexto de relações sociais que propicie seu desenvolvimento, tem seus aspectos negativos aumentados por negligência pedagógica.

Não estamos negando a existência de crianças ou mesmo adultos com atrasos severos no desenvolvimento. Entretanto, esses casos não estão em pauta neste trabalho, até porque não estão sequer nas classes especiais.

Na luta contra o fracasso, além de uma modificação radical nos "métodos de investigação" vigentes, empregados pelos profissionais legitimados que avaliam e interpretam os indícios de deficiência, será preciso uma nova leitura semiótica e, portanto, uma nova abordagem psicológica, o que implica também mudanças na prática pedagógica.

4

Dirigindo o olhar para a sala de aula e conhecendo José

O percurso de crescimento se faz tanto pela atividade do sujeito, fundada em estratégias e conhecimentos já construídos, quanto pela participação de agentes mediadores, em especial aqueles presentes no contexto escolar. (Góes)

José estava sendo encaminhado para uma avaliação na instituição responsável – o mesmo centro de atendimento focalizado no capítulo anterior. Cursava o Ciclo Básico pela quinta vez (a terceira vez o C.B. II).

No primeiro dia de contato com a sala de aula, em março de 1993, ficamos sabendo quem era José, no meio daquelas carinhas curiosas, quando a professora pediu a ele para buscar um copo de água. José chegou um tempo depois com o copo, sem derrubar a água, após ter subido até o segundo andar, onde ficava sua classe. Neste mesmo dia, ele foi o "secretário" da classe – ajudou a professora durante o período de aula: distribuiu folhas e recolheu tarefas, carteira por carteira, organizando-as com os cabeçalhos "para cima" como a professora havia ensinado no começo do ano. Mas na análise do histórico escolar de José encontramos apenas duas indicações afirmativas de suas capacidades...

Uma delas, do ano de 1991, da professora de Educação Física: "José é um excelente aluno, levando-se em conta apenas os aspectos físico-motores. Sua participação é boa apesar de que em alguns momentos interessa-se apenas por atividades que saiba executar".

Este dizer da professora aponta uma "qualidade" de José, no que diz respeito aos aspectos físico-motores. Ele é bom nisso; porém, méritos nesses aspectos não se refletem em outras atividades de caráter mais acadêmico.

No relatório de 1992, pode-se ler o que escreveu a professora de Educação Artística:

> O aluno teve rendimento ótimo dentro das atividades propostas. Tem facilidade de se expressar por meio do desenho e da pintura.

Entretanto, os méritos nessas esferas não foram reconhecidos em outros momentos do longo período de permanência no CB. Ademais, trata-se de áreas menos valorizadas para decisões sobre promoção do aluno. E José não parecia caminhar nas áreas mais valorizadas.

Nesse sentido, as demais informações do histórico atestam que o aluno vinha mantendo seu padrão rudimentar de escrita e de leitura. Nada havia se alterado de um ano para outro. As atividades desenvolvidas pelas professoras dos anos anteriores não constituíram possibilidades de superação de seus problemas.

No final de 1992, José havia recebido, em seu caderno, um bilhete da professora, que o estava reprovando pela quarta vez.

José

Este ano você nada fez e não quis fazer. Tentou enganar a todos que queriam te ajudar. Mas infelizmente o único prejudicado foi você. E o único que você enganou foi você.
Feliz Férias

Tia Vera
03/12/92

A professora é bastante clara na atribuição de responsabilidade pelo fracasso de José – ele próprio preferiu fracassar. A interpretação parece também confortá-la. Não é ela quem tem problemas. É ele. TODOS quiseram ajudá-lo... foi ele quem não respondeu a essa ajuda. Mas qual foi, de fato, essa ajuda?

A crença de que cada um deve atingir o máximo de produtividade, e que este máximo depende de seu desejo, revela a ideologia liberal, a qual supõe que o ponto de chegada de cada um depende do que emana de sua individualidade, sendo a escola apenas um ponto de partida que oferece a todos as mesmas oportunidades, as mesmas chances.

Encontramos outras questões levantadas sobre José nos relatórios que compõem seu Histórico.

> O aluno é bastante imaturo. Não apresentou interesse, pré-requisito para a alfabetização. Não atingiu nem os objetivos propostos para a primeira etapa. (1991).

Que pressupostos teóricos e quais indicadores estariam embasando a afirmação de que José seria um aluno "bastante imaturo"? Quem produziu tal diagnóstico teria claro que esta forma de ver a criança sobrepõe dois tipos de ênfase conceitual na compreensão do desenvolvimento, reproduzindo noções confusas sobre imaturidade, entendida como estágios não alcançados e, ao mesmo tempo, como comportamentos (pré-requisitos; objetivos) não adquiridos?

Werner e Alves lembram que o conceito de "maturidade/imaturidade" o qual, no modelo organicista, é entendido como resultante da falta de estímulos e experiências, facilmente acaba por justificar o atraso no desenvolvimento cognitivo das crianças.

Esta professora não se diferencia de uma quantidade significativa de professores que atribuem o não aprender à "imaturidade" da criança. Criança "imatura" não está preparada... não está pronta... Uma marca que ficou de inúmeros diagnósticos que transformam rapidamente uma dificuldade em defeito. Uma tentativa de explicar as diferenças de rendimento escolar mantendo a crença no mérito pessoal como critério legítimo de aprovação/reprovação.

O relatório da Professora de Educação Artística, ainda de 1991, revela o seguinte:

> Este aluno tem um desempenho médio nas linguagens relativas à Educação Artística (que envolveu a expressão plástica, musical e cênica).
>
> Seu nível de atenção é pequeno, apresentando uma certa lentidão e pouco interesse nas atividades desenvolvidas.
>
> Não acompanhou todos os itens da expressão plástica. Não organiza o espaço, não reconhecendo um campo plástico; não organiza os objetos em relação a um plano horizontal (linha de base); não utiliza-se da memória visual com freqüência. Tem dificuldade de reconhecer formas tridimensionais. Na expressão cênica tem certa dificuldade em utilizar o espaço de acordo com as possibilidades de seu corpo.

As afirmações do que um aluno faz ou não faz; dos recursos que utiliza ou não; do que tem ou deixa de ter marcam mais uma vez a posição do professor que está presente para apenas constatar as habilidades dos alunos em determinados aspectos do programa escolar. Parecem confirmar estereótipos de inadequações em relação a objetivos pouquíssimo claros. Revelam, de um lado, um cuidado em seguir normas convencionais do ensino de Artes, tomando-as como linguagens mas dividindo-as em áreas desarticuladas. O aluno é avaliado dentro de uma concepção de Linguagem como algo pronto, acabado, dividido, parcelado. De outro lado, sugerem uma falta de sensibilidade para ver as possibilidades de José e um descompromisso com o ensinar: "não domina, não acompanha, não utiliza, tem dificuldade, não organiza..."

Cabe-nos, aqui, retomar a discussão que fizemos no capítulo anterior, quando nos referíamos às qualidades de um detetive ideal. As falas das professoras de José ficam bastante limitadas por considerarem sintomas como fatos, sem que tenha havido uma apurada análise das circunstâncias, do contexto.

Português – O aluno não domina nada, alfabeto, sílabas das palavras, acentuação, pontuação, substantivos próprios e comuns, gênero, número, grau, qualidades. Sozinho não faz nada e não quer fazer. Só sabe copiar. Lê alguma coisa. Só registra o que confirma na lousa.

Matemática – Não domina os objetivos propostos para este ano. Só copia.

Ciências – Copia tudo, sozinho nada faz.

História e Geografia – A mesma coisa das outras disciplinas. Nada faz. Teria que ser encaminhado para profissionais competentes.

A professora de José justifica a sentença da reprovação colocando nele a culpa de seus "problemas". Oscila entre a acusação de "má vontade" e de "incapacidade"; mas, de uma forma ou de outra, deixa José entregue a seus próprios esforços.

O que o texto do relatório demonstra, na verdade, é a crença de que a escola pública não tem tido sucesso, não tem sido competente no ensino da língua materna porque o problema é atribuído a sua clientela, que é carente e não chega a falar e escrever na variedade padrão. Corresponde a uma concepção de ensino da língua em que a gramática normativa determina, com suas regras, a "linguagem correta" e o "erro". Nos cadernos do ano letivo de 1992, vimos que José resolvia as seguintes operações: adição, subtração e multiplicação. Acertava nos ditados de números, mas não conseguia atender à solicitação "escreva em português o nome dos números".

Lemos uma avaliação de Estudos Sociais e Ciências, incluída nos documentos relativos ao ano de 1992, e constatamos que José, porque não conseguia ler os enunciados das atividades, não as resolvia. Uma avaliação de Estudos Sociais ilustra essa dificuldade. Foi-lhe perguntado o que ele faz na escola, qual seu horário de aula, qual o nome de sua escola etc. José não respondeu às questões. Em Ciências aconteceu situação semelhante. Ao ter que completar um texto sobre cuidados especiais com o corpo (questões sobre higiene), não conseguiu se fazer entender pela escrita.

Quanto à sugestão para encaminhar José, a professora confirma que o "problema" está em José, e é um outro profissional (que seja competente) quem vai poder resolver as questões não solucionadas pela/na escola e com a professora. Propõe uma intervenção fora da escola, dando a esta intervenção um caráter de tratamento de uma doença.

A suspeita estava levantada sem, no entanto, um "olhar para trás", sem fazer o que Peirce chamou de "abdução de um fato", a qual permite supor sua origem. Ou, talvez, essa consideração da origem tenha sido simplificada, restringindo-se a atenção às condições do aluno.

José havia sido matriculado na 1ª série em 1989. Estava portanto no CB há quatro anos. Durante todo este tempo foi considerado inapto. A afirmação de que NADA faz e NADA QUER fazer marca lugares discursivos: a posição da escola enquanto instituição responsável pelo ensino, mas que não ensina. A posição da professora que, mediadora desta aprendizagem, precisa que o aluno aprenda para justificar seu papel, mas desconsidera como ocorre a aprendizagem de seu aluno, constata que ele NADA faz como se o fazer do aluno fosse algo individual, decorrente de uma vontade (ou falta de vontade) particular. Executora de práticas pedagógicas, construídas sempre em conformidade com programas oficiais ou oficializados pelos anos, parece não se comprometer com a aprendizagem, repetindo exercícios, constatando os mesmos "erros" e reagindo com as mesmas recriminações.

Os discursos presentes nos relatórios da professora da classe apontam para uma representação negativa das possibilidades de José – afirmam sua incompetência.

Como as professoras olham – para si, para a escola, para o aluno? Para o que olham em cada uma destas instâncias? E quanto a José? Seria possível entender seu comportamento sem levar em consideração o modo como a escola se relaciona com ele? Seria possível compreender por que não aprende o que a professora diz que deveria ter aprendido, sem considerar as condições de ensino que se vincularam às suas recorrentes reprovações?

Que evidência circunstancial foi valorizada na decisão para encaminhamento à avaliação diagnóstica? Quais as pistas selecionadas? Em que âmbito da investigação foi insuficiente? Por que, no material documentado a respeito de José, não apareceu, em qualquer momento, alguma suspeita sobre a escola pública e seus problemas, sobre a formação dos professores, sobre as possibilidades de mudanças no cotidiano de sala de aula?

Assim, com a análise dos motivos das reprovações de José indagamos sobre o modo como se deram as relações entre a escola e este aluno. Os dizeres dos relatórios revelaram interpretações de suas professoras, fundadas na concepção de que as dificuldades de José são intrínsecas a ele, e, por causa disto, o trabalho escolar não surtiu os resultados esperados ("não atingiu os objetivos propostos"). Parece claro haver um descompasso entre as condições oferecidas e as expectativas de resultados.

Estivemos com José, durante o ano letivo de 1993, participando freqüentemente de atividades em sua sala de aula, e interagindo intensamente com sua professora, apresentando sugestões, indagando e analisando com ela as dificuldades e possibilidades do aluno. No último bimestre do ano letivo, ficamos com a professora substituta que assumiu a classe quando a professora titular precisou se afastar. Nossa auxiliar de pesquisa foi convidada como substituta; ex-aluna do Curso de Magistério, acompanhou o trabalho de pesquisa e ajudou nas filmagens de sala de aula.

José era considerado um "caso de risco". Acompanhamos seu ano escolar, mas não passivamente. Participamos do cotidiano da sala de aula. Nosso interesse por ele e nossa inserção em sua vida escolar marcam diferenças nas relações entre José e as professoras, entre José e seus parceiros, entre José e sua aprendizagem. Alteram expectativas. Portanto, os fragmentos que registramos da história de José, durante 1993, precisam ser entendidos em relação também a essas condições.

Momentos dessa inserção foram examinados para configurar o desdobramento da experiência escolar de José. Assumindo o ponto de vista de Vygotsky, de que a transformação de um processo dá-se do funcionamento interpessoal (social) para o intrapessoal, isto é, de que as ações do sujeito são sempre mediadas pelo outro e passam ao plano intrapessoal pelo processo de internalização, buscamos participar das condições de aprendizagem em sala de aula.

Olhamos o que foi acontecendo em relação à evolução da atividade de leitura e escrita de José, atentos para o que de Góes e Smolka dizem quando apontam para a importância de se compreender os progressos, considerando-se o papel fundamental dos interlocutores da criança; fomos em busca de pistas, de indícios que pudessem ser lidos de outra forma – diferente da maneira como os detetives encarregados das investigações sobre a deficiência têm feito – e que nos apontassem as possibilidades de José para construir conhecimentos, na escola... as possibilidades dos muitos Josés das escolas públicas brasileiras.

Interagindo com o texto por meio do outro

A professora entrega uma folha mimeografada, com seis quadros. Os três primeiros com os desenhos já prontos e os outros três quadros em branco para que as crianças completem a história, desenhando neles.

José está sentado ao lado de seu colega Marcos. Como estão sentados em duplas, podem conversar e trocar informações.

A pesquisadora conversa com eles e José conta a história que os quadros desenhados lhe sugerem. Uma parte do relato acontece com base nos desenhos mimeografados. Depois, o relato não se apóia nos desenhos pois os quadros estão em branco.

José e Marcos começam a desenhar, dando continuidade à história.

José: Ó o paiaço aqui, Hah. [falando consigo mesmo, achando graça de seu desenho, e sem tirar os olhos e o lápis do papel. Pega a folha com as duas mãos e, ainda olhando para seu desenho, fala para Marcos]:
– Ó o| meu paiaço!

[Marcos e José conversam e depois continuam desenhando em silêncio.]

José: Depois ele vai para casa. Faz de conta que ele tava indo pra casa, tá?
…

[A professora, com o desenho de José na mão]:

Prof.: Então, aqui...já colocou aqui?
José: Já!
Prof.: Já. E depois, aqui?
José: Ele foi assistir televisão.
Prof.: Com a frigideira na mão? Mas num tava quente?
José: Não.
Prof.: Já tinha esfriado? [José balança a cabeça afirmativamente.] Então, tá.
Pesq.: Que que ele foi fazer aqui? [apontando um dos quadros desenhados, na folha dele.] Ele vai comer assistindo televisão?
…

[A professora explica para a classe que todos vão escrever a história e diz]:

Prof.: O começo da história vai sair um pouco parecido, não vai? As três primeiras figuras são iguais, não são?

Crianças: Sãaaaao

...

[José começa a escrever o título da sua história e pergunta para Marcos]:

José: Como escreve paiaço?

[Marcos pega um bloquinho de rascunho e escreve "palhaço" e coloca o bloquinho sobre a carteira de José, que apagara uma palavra em seu texto, reescrevendo-a.]

...

[Depois de escrever o título "O palhaço comprador de ovo", José inicia a escrita de seu texto]:

> Éra uma vez um palhaço comprador de ovo ele saiu de casa para comprar ovos
> E depois ele voltou para casa e foi para a cosinha fita ovo

[José pára de escrever por algum tempo.]

...

Pesq.: Que que você quer dizer depois?

[José fica parado olhando para seu texto iniciado.]

Pesq.: Ele foi para a cozinha fritar ovo. O que você quer falar mais?
José: Que depois ele foi pra casa.

...

[Pesquisadora lê o texto de José para ele ouvir e diz]:

Pesq: Acabou esta parte de contar da cozinha. Vamos pôr um ponto final.

[A pesquisadora aponta o lugar onde José deve continuar a escrever.]

Pesq.: Então vai.

[José escreve "ele pegou a frijideira" e pára novamente.]

Pesq.: Ele pegou a frigideira. Já fritou os ovos ou não?

[José balança a cabeça, em negativa.]

Pesq.: Tá. Então ele pegou a frigideira e fritou os ovos. Então vamos lá. [Apontando para o texto]

...

[José escreve "e fritou so ovos".]

Pesq.: Os, os [e apontando para o "so", lê "so".]

[José ri e apaga imediatamente, escrevendo "os".]

...

Pesq.: Agora vamos ver como é que está. Lê pra mim?
José lê: Era uma/vez/um/palhaço com/pra/dor do...
Pesq.: Você quer dizer comprador do ovo ou comprador de ovo. Que que você quer falar – Do ou De?
José: De ovo.
Pesq.: Então tem que escrever DE, com E.

...

[José apaga o DO e escreve DE.]

Pesq.: Começa a ler de novo.
José: Era uma vez um/ pa/lha/ço com/pra/dor/ de/ ovo/ E/le/ sa/iu/ de/ ca/sa/ para/ comprá/ ovo./ E de/ pois/ ele/ vol/tou / para/ casa/ e/ fo/i/ para/ a/ cozi-nha/ fritá/ o/vo.
...

A pesquisadora continua ajudando José nas decisões sobre o desdobramento temático do texto.

Quando José diz que acabou, a pesquisadora revê a escrita da história desde o princípio, apontando a necessidade de algumas reformulações.

A professora diz que é hora de alguns lerem o texto que produziram. Um dos alunos lê seu texto e depois é a vez de José.

58

Ele fica em pé, na frente da classe, e lê.

José: O paiaço comprador de ovo. Era uma vez um paiaço comprador de ovo. Ele saiu de casa para comprar ovo. E de...de/pois ele foi/ele voltou/para casa/ e fritou/ e foi para/ a cozinha fritar os/os ovos/ele...

...

[José pára e a pesquisadora aponta a palavra seguinte que deve ser lida e ele continua.]

...pe/gou/ a/ fri/gi/dei/ra/e/fri/tou/os ovos. O pa/lha/ço que/ri/a/a/com/er ovos/na...[pára de ler]
Pesq.: como é aquela palavra?
José: En/quan/to/ as/sis/sis/tia/ televisão. Ele pe/gou/ a/ fri/gi/deira e/ foi/ para/ a/ sala/ as...

[José pára e ri.]

Pesq.: Foi para a sala fazer o quê?
José: Assis/tir/televisão.
Pesq.: Isso! Muito bem!

A classe aplaude.

Nesse episódio de sala de aula, o aluno realiza desenhos, produz texto, efetua correções em sua escrita e faz a leitura da história produzida.

José, multirrepetente, candidato à Classe Especial, tido como aluno que não conseguia aprender a ler e a escrever, tanto lê como escreve quando colocado em situação de interação com a pesquisadora.

Sabe o que quer dizer, mas parece não saber que pode escrever o que diz.

Pede ajuda de seu colega, aceita a ajuda e reescreve a palavra. Ao ouvir a fala da pesquisadora, encontra soluções de reescrita e, na grande maioria das vezes, de acordo com a convenção ortográfica. Demonstra capacidade para pensar a forma escrita em relação à fala

POSSIBILIDADES DE HISTÓRIAS AO CONTRÁRIO

– neste primeiro momento, em relação à fala do outro, mas atribuindo-lhe sentido.

Consegue dar continuidade ao fluxo de pensamento à medida que a pesquisadora vai repetindo o que ele diz ou escreve. Este procedimento vai auxiliando a formulação do pensamento e vai tornando mais viável a possibilidade de escrever os enunciados pretendidos.

Mesmo no início do trabalho escolar daquele ano, e logo após os fracassos já descritos, o aluno demonstra conhecimentos que já possui sobre a escrita e disponibilidade para ampliá-los; assim, o que poderia estar sendo considerado pela escola como "incapacidade" ou "deficiência", configurando "patologia", na verdade diz respeito às condições de ensino.

No episódio descrito, José realiza os desenhos de modo muito adequado, produz texto oralmente, ajudado pela pesquisadora e, ao retomar a escrita, quando lidas para ele as palavras tais como foram registradas, percebe inadequações e adequa a escrita para que chegue mais perto do que realmente quer dizer. O afastamento de seu texto, feito neste primeiro momento pelo "outro", leitor interessado em seu dizer, mostra os caminhos das convenções gramaticais.

O aluno vai organizando seu texto, escrevendo, enunciando, pela mediação do outro; a repetição do que José diz, de modo que suas palavras retornem sob forma de "texto a ser escrito" oferece parâmetros para que ele possa regular sua escrita. A possibilidade de interagir com Marcos, no momento de dúvida sobre a escrita de "palhaço", e o aplauso da classe quando de sua leitura em voz alta; a possibilidade de aprender a escrever, interagindo com outras pessoas enquanto produz e analisa sua escrita, e as modificações nas relações de ensino que começam a ser vivenciadas inauguram para José, e sua professora, novos significados à tarefa de ensinar/aprender.

Quando produz o texto dialogando com pares e adultos, quando seu texto passa a ter sentido para o "outro", leitor que também participa de suas intenções, José aprende a escrever o que pretende.

Aprende a escrever enquanto escreve e aprende a refletir sobre o funcionamento da escrita.

José era bem aceito por seus colegas, mas quase todos sabiam que ele havia sido "reprovado" muitas vezes, porque não conseguia aprender a ler e a escrever. Quando a professora passa a propor que seus alunos trabalhem em duplas e em grupo, permitindo que troquem experiências e conhecimentos, acaba também por proporcionar a José a oportunidade de mostrar que é capaz desta aprendizagem.

Segundo Bakhtin, *"o centro organizador de toda enunciação, de toda expressão, não é interior, mas exterior: está situado no meio social que envolve o indivíduo"* (1992, p. 121).

O caso de José, considerado seu trajeto como aluno, neste ano letivo, mostra que a escola pode ser (o que deveria, de fato, ser) lugar de trabalho conjunto na construção do conhecimento. Sua escrita passou a refletir suas possibilidades e não suas falhas.

À medida que as interações vão se constituindo como prática efetiva em sala de aula, José vai sendo, na verdade, alfabetizado. Os modos de atuação da professora, da pesquisadora, do colega Marcos, bem como outras condições da dinâmica de sala de aula, vão constituindo um redirecionamento na história escolar desse aluno. Várias outras situações podem indicar como e por que isso ocorreu.

Interagindo com o outro por causa do texto

Enquanto a professora faz a chamada, José lê um livro ao lado de seu companheiro Marcos. A aula não havia ainda começado e os dois alunos tomam a iniciativa de ler, numa situação desvinculada de instruções específicas ou imposições da professora.

Pesq.: De que que é a história que vocês estão lendo?
José: Da baleia.
Marcos: Que ela ten.......
José: Que ela tentou entrar dentro do balde.
Pesq.: Dentro do balde? E ela conseguiu ou não?

José: Não. Depois ela tentou entrar dentro de uma banheira.
Pesq.: E aí, também não conseguiu?

[José balança a cabeça negativamente.]

Pesq.: E aonde que ela conseguiu?
José: Ah! Foi lá na piscina.

A partir deste momento, a pesquisadora sugere que os dois colegas passem a ler a história da baleia para que ela ouvisse, propondo que cada um dos dois, José e Marcos, leiam alternadamente. Os dois começam a ler. Quando há erros na leitura, José se auto-corrige em função do sentido que já havia apreendido da história, como nesta situação:

José: O lu/gar da baleia é nes/mes/mo a/ o/ mar.

Em sua história escolar, José teve pouco acesso a livros de literatura infantil. Durante três anos "estudou na cartilha", e na quarta vez que cursou o C.B. fez muitas cópias e foi considerado incapaz de escrever e/ou aprender.

Em 1990, no relatório final a professora havia escrito:

O aluno não dominou os objetivos propostos.

Em 1991, foi dito dele:

O aluno é bastante imaturo. Não apresentou interesse, pré-requisito para a alfabetização. Não atingiu nem os objetivos propostos pela 1ª etapa; portanto deverá permanecer para completar o programa de segunda etapa.

No entanto, ele apresenta interesse pela leitura, evidenciado na atividade sobre a história da baleia. Como a leitura passou a ser importante na sala de aula, José leu. Leu e compreendeu, pois relacionou-se com o texto na interlocução com seu colega.

No lugar de precisar responder a questões de compreensão, a perguntas reprodutivas de "interpretação" – tarefa quase sempre obrigatória na maioria das escolas – José conversou sobre o que leu, contou a história para alguém que se interessou por ela, leu em voz alta, tentou fazer ajustamentos em sua leitura, enquanto buscava que ela tivesse sentido para quem ouvia.

A mediação pelo outro e pelo signo

José e Marcos estão sentados um ao lado do outro lendo um livro em voz alta. Este livro havia sido oferecido pela pesquisadora, que propôs aos dois que estudassem o texto, que lessem alternadamente algumas partes e juntos, outros trechos. A cada segmento da história, repete-se uma música, que o personagem principal da história canta. A pesquisadora criou a melodia e ensinou a eles, cantando junto cada vez que aparecia no texto. Ficou combinado com a professora uma apresentação para a classe. (O livro é de Tatiana Belinky – *O caso do Bolinho* – um conto tradicional reescrito, baseado na repetição das ações.)

A pesquisadora se afasta e eles recomeçam a leitura, desde o início do livro.

Marcos e José: Bolinho, bolinho, aonde vai rolando? Perguntou a raposa. Pela estrada afora, como você está vendo. [José vira duas páginas.]
Marcos: Tem duas aí.

[José volta à página certa.]

Marcos e José: Bolinho, bolinho, cante-me uma canção, pediu a raposa. E o bolinho cantou.

[José vira a página e procura o texto na parte de cima, mas encontra embaixo. Põe o dedo sobre a folha.]

José: Aqui!
Marcos: Aqui!.

Marcos e José: E a raposa disse então: – Que bela canção, bolinho, pena que eu sou dura de ouvido. Não escuito muito bem. Lindo bolinho pula no meu focinho, fica mais pertinho, pra eu ouvir você direito!

[Marcos se movimenta para virar a página. José segura um pouco mais e fica olhando a última palavra que leram e diz]:

José: Ah! Olha! Aqui cê leu errado. [Põe o indicador sobre a palavra]. É di-rei-ti-nho!
Marcos: É! Eu não vi direito.
Marcos e José: O bolinho pulou no focinho da raposa e a raposa papou o bolinho.

[Os dois vão para a frente da classe para ler o livro de história do Bolinho.]

Pesq.: Bem alto, pra todo mundo escutar a história.
José: Era uma vez/ um/ vô/ e/ u/ma/ vó. Um/ dia/ o/ vô/ acordou/ e/ disse/

[José fica alguns segundos sem dizer nada. Marcos diz bem baixinho]:

Marcos: Vá...
José: Vá, mi...
Marcos: Minha...
José: Minha/ velha/ me/ fa/fa/ça/ um/ bo/li/nho/ gosssto/so/ pra/ gente/ comer.
Pesq.: Iiissto. Então vai, bem alto!

Marcos, José e pesquisadora cantam, intercalando leitura e música. Os outros alunos pedem para que seja filmada esta "festa" e batem palma quando a leitura termina...

A concepção teórica que assumimos, de que a relação do sujeito com o objeto implica necessariamente um outro sujeito e que esta relação tem dimensão simbólica, ajuda-nos a compreender o que aconteceu numa situação aparentemente tão simples e rotineira, de aula de leitura em sala de aula.

A mediação pelo outro e pelo signo (pesquisadora, o texto, Marcos, a classe...) caracteriza a atividade cognitiva da situação descrita.

Nogueira, ao analisar os processos de negociação na construção da leitura, diz que *"a imagem da atividade de leitura como ato solitário e individual é bastante difundida no meio escolar e poderia ser resumida em uma frase: Para ler é necessário silêncio e concentração"* (1993, p. 15). Para problematizar essa prescrição, a autora apresenta a leitura conjunta de duas crianças, analisando as interações pelas quais elas vão construindo seus conhecimentos.

Assim como no episódio que acabamos de relatar, a leitura não precisa ser um ato solitário, silencioso e individual; ademais, a 'concentração' pode ser entendida de outro modo, sem oposição ao ruído (de vozes) e à partilha de ações. Durante a leitura, enquanto trabalho partilhado de construção de significados, José demonstra entusiasmo pela atividade, coopera, espera seu companheiro, aponta seu erro, aceita sua ajuda, parte de sua intervenção para prosseguir. Os dois esperam para cantar com a pesquisadora; as crianças que estão assistindo regulam, como audiência que são, a posição, o tom de voz e a postura de seriedade dos "atores". Marcos respeita o ritmo de leitura mais lento de seu colega, auxilia-o "baixinho" – assume o trabalho da dupla e empenha-se para que a apresentação dê certo.

Mais uma vez, em mais uma situação de sala de aula, podemos observar as possibilidades de José.

As situações até aqui destacadas indicam que José vive um momento muito diferente do descrito pela professora de Educação Artística, que esteve com ele durante o ano letivo de 1991:

> Seu nível de atenção é pequeno, apresentando uma certa lentidão e pouco interesse nas atividades.

O trabalho coletivo nas relações de ensino

Desde o mês de abril, as crianças estão discutindo e produzindo textos, a partir da leitura do livro "É proibido Miar" de Pedro Bandeira. A professora passou a chamar esta atividade de "leitura do livro comum". Todos os alunos têm uma cópia dos capítulos. A pesquisadora levou para a classe um conjunto de cartazes coloridos – cada um deles ilustrando um capítulo, e abaixo de cada ilustração, a reprodução de um trecho deste mesmo capítulo. Os cartazes eram pendurados, à medida que a leitura dos capítulos acontecia.

Neste dia, a professora faz, com a classe, um resumo do capítulo que as crianças acabaram de ler. Depois, pede que elas escrevam este resumo, individualmente. Os alunos estão sentados em duplas.

José deve escrever, mas nem ele nem Marcos, que está ao seu lado, sabem o que devem escrever. A professora aproxima-se.

Prof.: Você não lembra, José?

[José balança negativamente a cabeça.]

Marcos: Eu também não lembro.

Prof.: Aconteceu o seguinte...Tudo isso que estou falando, vocês vão poder escrever. A Dona Bingona fingiu que estava desmaiando, de tão assustada que ficou. Então, o Bingão ficou tão furioso que parecia que ele tava soltando fogo pelos olhos...[e continua "lembrando" a história].

A professora sai. Paulo, um menino que estava sentado atrás de José e Marcos, começa a ler para os dois o que escrevera.

Marcos: Cê já acabou?!
Paulo: Não!

[José pega o lápis e começa a escrever. Marcos passa o braço sobre o ombro de José e fica olhando-o ao escrever. José escreve um pouco e pergunta]:

José: E depois?
Marcos: Bingo descobriu...
Prof.: Deixa que agora cê já falou pra ele, agora deixa ele fazer sozinho.

[José bate no ombro de Marcos.]

José: ..., Marcos, aqui é...?
[Marcos diz que sim, balançando a cabeça.]
[José fala em voz semi-audível, enquanto escreve.]
José: Agora eu coloco... Ele...

[Marcos fica olhando para José e a professora se aproxima.]

Prof.: Não, cê não pode contar pra ele!
Marcos: Não, é que ele tá perguntando se começa na mesma linha e eu disse que não, que é na outra.

[A câmara de vídeo focaliza os dois por trás. Marcos escreve uma palavra numa folha de papel.]

[José apaga a palavra que Marcos escreveu e a escreve em seu texto.]

[Algum tempo depois, Marcos está em pé, perto da lousa e José faz uma pergunta a ele.]

José: Aqui...[mostra uma palavra em seu texto.]
Marcos: Éééééé...[vira-se para o quadro negro] Cadê? Eu vou vê.
José: Lá? [mostra o cartaz com o dedo.]

[Marcos chega em frente ao cartaz que está pendurado na lousa e começa a lê-lo passando o indicador sobre o texto. Pára, olha, põe o indicador sobre uma palavra escrita no cartaz e diz]:

Marcos: Aqui, ó !

[José escreve].
[Marcos e José continuam escrevendo e conversando.]
Num certo momento, José ri alto, a professora se aproxima e Marcos lhe diz:

Marcos: Tia, ele não sabe!

A professora, ao relembrar para as crianças o que deveriam escrever, diz: "tudo isso que estou falando, vocês vão poder escrever".

Este seu dizer, que pode ser escrito, isto é, que pode ser dito por escrito, marca a capacidade que nos confere a palavra – "vão poder...". Marca também as possibilidades de fazermos empréstimos dos dizeres dos outros para fazê-los nossos – "isto que estou falando..." Marca, de maneira especial, a idéia de que se trata de produção de linguagem – "estou falando...poder escrever".

O sujeito que está falando (professora) atribui ao outro (aluno) competência igual a sua, pelo menos quanto ao reconhecimento de que se pode escrever o que se fala e de que os "dois" podem saber o que falar.

Por que tal constatação, aparentemente tão específica e localizada, parece-nos importante?

Primeiro porque configura o professor interagindo com os alunos, de modo que torne a sala de aula um espaço onde o conhecimento pode ser efetivamente partilhado. Segundo, conseqüência do ponto anterior, porque sujeitos estão se constituindo como falantes/escritores.

As relações de ensino, ao serem abordadas desta perspectiva conceitual, ampliam as possibilidades de aprendizagem, considerando o "ainda não aprendido", como responsabilidade também da escola.

A maneira como a professora organizou o espaço físico e social da sala de aula permite que os colegas conversem enquanto estudam/trabalham/aprendem.

Mesmo tendo solicitado a Marcos que deixasse José trabalhar sozinho, a professora não impede que José peça ajuda, e Marcos coopera com ele. Este aponta palavras, vai até o quadro mostrar algo escrito para José, diz à professora o que o colega não sabe... talvez tentando chamá-la para ser parceira desta ajuda que ela havia tentado coibir.

O imaginário na sala de aula

A professora pede aos alunos para que escrevam sobre uma viagem imaginária. As crianças sugerem vários lugares para onde "gostariam" de viajar e, como as sugestões foram muitas, ela promove uma votação. Ganha a proposta "A viagem para Miami".

A professora vai perguntando para as crianças como seria a viagem, como iriam, com quem iriam, de que, o que aconteceria de interessante durante a viagem... Como as crianças dizem que esta viagem deveria ser feita de avião, discutem sobre este meio de transporte (nenhuma criança da classe havia viajado de avião).

Depois levantam possíveis formas de composição temática do texto.

As crianças estão sentadas em duplas. José, ao lado de Marcos.

Quando a pesquisadora chega perto dos dois, José estava escolhendo com que amigo iria viajar.

> *Pesq.: Com quem você vai?*
> *José: Com o Marcelo.*
> *Pesq.: ótimo! É teu amigo, ele?*
> *José: É.*
> ...

[José fica algum tempo parado, sem começar a escrever seu texto].

> *Pesq.: Então? O seu amigo Marcelo resolveu fazer o quê?*
> *José: Uma viagem.*
> *Pesq.: Iiisto! Já dá um bom começo.*

Este é um dos momentos de produção que mostram como José progrediu como escritor. Não nos referimos tanto às questões ortográficas, mas a um ponto fundamental: ele tinha O QUE dizer (contar uma viagem a Miami); PORQUE dizer (ele participou da votação do lugar da viagem e havia votado na que ganhou); estava aprendendo COMO dizer e já conseguia fazer uso de certas técnicas de produção de texto; já conseguia SE VER melhor como alguém dizendo algo para alguém com sua escrita. Parece-nos claro que, para José, escrever passa a ter novo sentido e por isto busca formas de fazê-lo.

A essa altura, os diálogos com a pesquisadora quase que se limitam a questões da convenção da escrita e a questões de esclarecimento sobre as intenções do escritor.

...

José: [escrevendo e falando] E pen...ah! [apaga algo e continua a escrever, falando] O Mar...Marce...lo. O Marcelo...

[Depois de um tempo, a pesquisadora chega ao seu lado e pede para ele ler o que já havia escrito.]

José: O/ Marcelo/ marcou/a/ da/ta/ da/ vi/a/gem/ pa/ra/ Maiame/ foi/ o Marcelo/ que/marcou/ dia/ nove/ de/ setembro/ Eu/ comecei/ comecei/ preparar/ as malas/ E/ fui/ na/ casa/ do/ Marcelo/ e colo/cou den/tro/ do/ car/ro/.

[Reinicia a escrita, em seguida]

José: A ma...la. A mala...

...

[Passa mais um tempo e a pesquisadora volta e lê o texto com José, comentando e propondo alterações e arranjos]. Pesq.: Aqui está, eu o quê? Lê o que está aí realmente.

José: Peparar
Pesq.: É pre...parar. Aqui fica "pepa". É pre/pa/rar.

[José conserta imediatamente.]

Pesq.: Olha. Comecei preparei ou comecei preparar?

[José conserta.]

Pesq.: Isso! Comecei preparar as malas. Você juntou "as" com "malas". As, é uma palavra e malas, é outra. Dá uma cortadinha aí.

[José continua a escrever a história. Tem mais coisas a dizer pois pede uma régua emprestada para Marcos para fazer mais linhas em seu papel que é sem pauta.]

[A pesquisadora lê as últimas palavras escritas por José.]

Pesq.: E fomos...Prá onde vocês foram?
José: Comprar as passagens.
Pesq.: Ah! Comprar as passagens. E se não tivesse, hein? Vocês voltavam prá trás se tivesse lotado?

[José ri, olhando para Marcos.]

As correções, no final do texto, ficam por conta dos ss, de um ou outro ponto final, das junções e segmentações (os quais fazem parte do processo inicial da aprendizagem da escrita).

José vai aos poucos se desprendendo do *modelo cartilhesco*. Arrisca-se numa aventura – passear de avião com seu amigo. Constitui-se como interlocutor que se compromete com o que diz. Como tinha razões para dizer o que disse, queria contar sobre a viagem – encontrou motivação no próprio trabalho a executar.

Vale lembrar que a proposta da professora, neste ano, era que seus alunos produzissem textos, e as tarefas que eles realizavam não vinham mais corrigidas com "certo" e "errado" como nos anos escolares anteriores. Os textos eram lidos pelos alunos e pela professora; alguns desses textos serviam como pontos de partida para ela desencadear reflexões sobre o funcionamento da escrita, no momento da restruturação, quando, junto com a classe, ia refletindo sobre questões que planejava trabalhar, como por exemplo: pontuação, coesão, coerência, concordância etc.

Começa a haver indícios de que está acontecendo com José e sua classe o que Geraldi diz:

> As perguntas efetivas que fazem do diálogo da sala de aula uma troca e a construção do texto oral, co-enunciado. As respostas dos alunos já não são candidatas a respostas que o professor cotejaria como uma resposta

POSSIBILIDADES DE HISTÓRIAS AO CONTRÁRIO

previamente formulada. A participação do professor neste diálogo já não é de aferição mas de interlocução (1991, p. 179).

Certo dia (no mês de dezembro), houve uma briga, na sala de aula, entre alguns meninos. Depois de discutir sobre o fato e com as crianças já mais calmas, a professora pediu a cada um que escrevesse contando o que achava que havia realmente acontecido.

José escreveu:

> O Getulio tacou borraxa no Vitor e o Vitor coreu atrás do Getulio eogetulio passou perto do Lucas corento e o Lucas pasou uma rasteira no Getulio eo Getulio comesou brigar com o Lucas eo Vitor mais o O. separou o Getulio eo Lucas.

José não só está fazendo história com sua escrita como está construindo a história da sua escrita, ao "nos contar" como foi que a tal briga aconteceu.

Como participante da "volta à paz" (pois é personagem desta história e consegue apartar a briga), José ocupa, na realidade, o lugar de narrador-personagem sem, no entanto, deixar que isto fique claro para quem não acompanhou todo o acontecido, pois produz seu texto na terceira pessoa (referindo-se a seu próprio nome – O.). Fala do lugar de quem sabe das coisas.

Este episódio revela o quanto José conquistou em sua aprendizagem. Tanto no nível de leitura e escrita como também na autonomia de ação.

Com base em seu texto é possível recompor o acontecido e, como aponta Smolka, o texto de José é uma forma de organizar as idéias, é documento, é história, *pois possibilita um distanciamento e um retorno, propicia uma leitura...(uma, não! Várias!)"* (1988, p. 95).

No final do ano, observamos uma alternância entre atividade interpessoal e intrapessoal durante a leitura em coro, de modo análogo ao que aponta Nogueira na análise da leitura conjunta de duas crianças. José consegue avançar na leitura à medida que utiliza recursos de apropriação da fala dos outros.

Possibilidades de aprender na escola

A classe está lendo um dos ·capítulos de *É proibido miar*. Percebe-se claramente os momentos em que José se atrasa em relação a seus companheiros, ou em que acompanha a leitura deles.

> *Crianças: O homem de uniforme não gostou da história.*
> *José: /uniforme não gostou/ história.*
> *Crianças: Cachorro que mia, não pode.*
> *José: /rro que mia, n... pode.*
> *Crianças: Mas por que não? Perguntou o dono com os*
> *José: /Mas, por que não? ...tou o dono com*
> *Crianças: óculos de lente quebrada.*
> *José: os óculos de lente quebrada.*

José não lê com a mesma rapidez que seus colegas de classe, mas procura acompanhar o ritmo da leitura pelo fluxo de sentidos. Está atento e esforça-se por dizer mais rápido o que percebe que consegue ler e assim acompanhar o coro:

> *Crianças: óculos de lente quebrada.*
> *José: os óculos de lente quebrada.*

O processo de leitura exige um esforço grande da criança que começa a ler e a escrever. Cagliari diz que a escola, quando não leva em conta esta dificuldade, está cometendo uma injustiça com as crianças. José não está, então apresentando qualquer disfunção ou distúrbio de aprendizagem em seu processo de leitura e escrita.

Aproxima-se o final do ano letivo. As experiências de leitura e escrita de José continuam a configurar expansões de suas possibilidades de aprender na escola.

A escrita revela esforço para explicitar idéias

A professora está lendo mais um dos capítulos do livro de Pedro Bandeira – *É proibido miar*.

A certa altura da história, ela pára e pergunta para as crianças:

Prof.: O que será que pode ter acontecido com o Bingo, ainda? O que será que a família fez? O Bingo foi preso mesmo? Ou não foi...

[As crianças falam ao mesmo tempo.]

Prof.: Vocês vão inventar deste pedaço para frente, olha!
Pesq.: [na frente da classe]: O homem de uniforme disse: – Teje Preso! E daí? Será que ele foi preso mesmo? Será que ele fugiu? Será que alguém veio salvá-lo? Será que tinha um moleque na rua que queria o Bingo e não deixou a carrocinha pegar? Será que ele...foi pra carrocinha mesmo?
...

[As crianças começam a escrever.]

[José começa a escrever e pára. A pesquisadora chega perto dele, lê o que ele já havia escrito e pergunta:

Pesq.: O que será que vai acontecer agora? O que você quer contar? Levaram ele ou alguém salvou? Ou ele fugiu? José: Ele fugiu.
Pesq.: Agora você conta como ele fugiu. A carrocinha vai ficar que nem boba, lá, né?
Pesq.: Quem é que vai passar por aquele mato e vai encontrar o Bingo? José: Adriano.
...

[Quando José terminou seu texto, a pesquisadora vai ler com ele.]

Pesq.: Prá não repetir a palavra Bingo outra vez, o que a gente pode fazer? Cuidou...do cãozinho, cuidou....do... José: Cachorrinho!
Pesq.: Tá bom, cuidou do cachorrinho.

O texto de José ficou assim, depois de pronto:

> O homem da carrocinha gritou
> – Teje preso!!
> Neste momento o Bingo fugiu.
> Ele saiu corendo e o homem coreu atras do Bingo.
> Bingo sescondeu no meio do mato e o homem da carrocinha dezistiu.
> Um menino chamado Adriano achou o Bingo e cuidou do cachorrinho.
> O Bingo acabou moramdo com o Adriano.

A escrita ilegível dos anos anteriores vai ficando cada vez mais legível para o outro e revela o esforço para explicitar idéias. Problemas de coerência, coesão, clareza de idéias, pontuação, ortografia... vão aos poucos diminuindo, e sua escritura vai ficando mais fluente. Nota-se a elaboração pessoal com base no discurso dos outros (autores, colegas, professores). Percebe-se a "co-autoria" mas, mesmo com muitos problemas para resolver, que ainda marcam uma distância dos requisitos para a terceira série, José continua avançando.

Mais uma vez, a revelação de que a "patologia" (se é que existia/existe) fica certamente por conta de um discurso marcadamente ideológico da escola, que marginaliza, que discrimina ao utilizar procedimentos para um aluno esperado/abstrato, que não é José e a quem José não corresponde. Seu caso havia sido visto como de 'distúrbio de aprendizagem' porque a escola tomava como crivo inicial o que deveria ter como meta. Espera como já sabido o que deveria ensinar. Daí configurar-se o candidato virtual à Classe Especial, por ter sido considerado um aluno difícil de aprender a ler e a escrever, desmotivado, lento...

Um dos dizeres que justificou o encaminhamento de José para uma avaliação e provável inserção numa classe especial foi:

O aluno nada faz. Teria de ser encaminhado para profissionais competentes (1992).

A nosso ver, a professora (de 1992) acerta e erra nessa asserção. Acerta porque, de fato, o aluno precisa de "profissionais competentes" para que consiga ultrapassar as várias dificuldades que foi encontrando durante seu processo de alfabetização, e também porque os sucessivos fracassos deixaram marcas em seu modo de lidar com as questões escolares. Acerta porque o aluno precisaria de um educador que desenvolvesse com ele a atenção dirigida; a fluência em sua leitura; o ritmo de trabalho de acordo com o tempo previsto para as atividades; as iniciativas na procura de ajuda para a solução de problemas que encontrasse durante a execução das tarefas; a desenvoltura que garantisse a confiança para ler, sem medo, diante da classe; a compreensão e uso das regras ortográficas e gramaticais da escrita...

E a professora erra porque esse profissional competente deveria ser ela própria. Erra, ao desconsiderar os caminhos possíveis por que passam os que estão aprendendo (e nós, não estamos sempre em alguns destes caminhos?); por ignorar que a escrita não se desenvolve de uma única forma; por desconsiderar a constituição do saber como essencialmente história de saberes compartilhados; por não assumir que o acontecimento dialógico constrói sentidos; e por não conceber seu próprio lugar social inserido nesse acontecimento. Desse modo, a sala de aula deixa de ser muitas e muitas vezes o lugar privilegiado de produção de linguagem, de constituição do sujeito leitor e escritor, de aprendizagem e desenvolvimento.

A solicitação de um "profissional competente" para atender José é somente mais um dos inúmeros pedidos com o mesmo caráter que tem ocorrido por parte das escolas. Na grande maioria das vezes, eles se referem a avaliações psicológicas e psicopedagógicas e seus respectivos tratamentos.

A psicologização da educação é uma tendência que ganha força com a consolidação da Psicopedagogia – campo de atuação profissional de caráter preventivo e terapêutico – que prioriza a resolução de problemas de aprendizagem fora da escola. Freqüentemente isso é feito buscando-se corrigir as disfunções do aluno, o que resulta num deslocamento, para outro espaço, da tarefa que a escola deixou de realizar. Tipicamente, com base nos diagnósticos realizados por meio de testes, propõe-se tratamento clínico nas áreas de psicologia, psicomotricidade, psicopedagogia, fonoaudiologia etc.

A crença na necessidade de crianças sanarem suas dificuldades escolares em uma instituição fora da escola parte do pressuposto de que a escola consegue desempenhar seu papel de ensinar somente a quem "pode" aprender, ou seja, a quem aprende sem dificuldades o que ela propõe, da forma como propõe.

Não se está negando que algumas crianças tenham necessidades especiais e, portanto, exijam mediações especiais para sua constituição enquanto aprendizes. À escola cabe, porém, dispor de recursos e procedimentos não uniformes para que os alunos tenham possibilidades de caminhar além de seus limites.

Vygotsky, rejeitando a visão de desenvolvimento cognitivo como resultado de sucessivas mudanças isoladas, acredita que *"o desenvolvimento da criança é um processo dialético complexo, caracterizado pela periodicidade, desigualdade no desenvolvimento de diferentes funções, metamorfose ou transformação qualitativa de uma forma em outra, embricamento de fatores internos e externos, e processos adaptativos que superam os impedimentos que a criança encontra"* (1988, p. 83).

Observamos que, deste "mirante", evolução e involução não são incompatíveis e que, portanto, o desenvolvimento da criança não segue em linha reta.

Enquanto destacamos os progressos de José, em sua sala de aula, visualizamos seu desenvolvimento, reconhecendo seus avanços e também a necessidade de retomadas, de pistas, de ajudas para o que parecia não consolidado. Essas experiências não foram isentas de tensão. O trabalho pedagógico, por certo, envolveu contradições. Porém, em nossa análise, quisemos identificar alguns dos momentos de interação que contribuíram para que José penetrasse na vida intelectual dos que os cercaram, o que para Vygotsky seria um pressuposto do aprendizado humano.

Nesse sentido, um aspecto merece atenção. A história escolar de José mostra que as condições às quais foi exposto para aprender a ler e a escrever não o ajudaram a superar as dificuldades que foi encontrando pelo caminho. As palavras sem sentido da cartilha, as cópias pouco significativas, os exercícios de completar e todo o arsenal que compôs o cenário de mediadores de sua aprendizagem em nada contribuíram para que elaborasse os conhecimentos esperados; pelo contrário, serviram para que fossem se configurando "problemas de aprendizagem", "deficiências", sucessivas reprovações e, conseqüentemente o fracasso escolar.

José chegou a fazer os testes com os profissionais da Saúde, e, depois de algum tempo, a professora recebe um questionário do setor de avaliação, pedindo informações sobre o desempenho do aluno. Disposta a tentar um trabalho com José em sala de aula, a professora envia um relatório circunstanciado, solicitando a permanência de José na classe regular. Na verdade, José fica na classe regular e é DESENCAMINHADO DA CLASSE ESPECIAL.

O setor de avaliação resolve concordar com a manutenção de José na sala regular em razão do relatório da professora. No lugar do encaminhamento, a psicóloga que avaliou José propõe atendimento pedagógico complementar. José vai por três vezes ao setor de atendimentos e as sessões são suspensas. (Não foi encaminhado à escola qualquer documento sobre o atendimento e os motivos de sua interrupção.)

O ano de 1993 está terminando. José ficou na sala regular. FOI DESENCAMINHADO DA CLASSE ESPECIAL. Os relatórios das duas professoras confirmam sua permanência numa classe regular no ano seguinte. Sai do Ciclo Básico, onde esteve por cinco anos e vai para a terceira série.

Esses relatórios contam sobre os avanços de José, privilegiando a descrição de suas consquistas e necessidades, como podemos constatar nessas falas:

> O aluno apresentou um avanço muito grande na escrita e ao final do 1º semestre já produz textos com coerência. Sua grande dificuldade ainda é a leitura, o que atrapalha seu avanço que poderia ser maior

> Tem bom raciocínio e quando encontra dificuldades se esforça e encontra a solução dos problemas

> O aluno participa das aulas e é muito interessado em aprender.

Também o relatório do final do ano letivo, revela outro olhar para José:

> Escreve ortograficamente, com algumas dificuldades, utilizando a transcrição fonética e por vezes, juntura em algumas palavras – nada que um trabalho de leitura e escrita de diferentes tipos de texto não resolva.

> Ultimamente os livros escolhidos por ele para ler, são os que possuem textos longos...

> Tem muita facilidade e rapidez na Matemática...

> Prefere trabalhar em grupo; colabora e pede ajuda dos demais colegas.

Na nossa busca de indícios para a compreensão do percurso escolar de José, ouvimos o depoimento de sua mãe, que nos revela parte de sua história de fracasso e identifica um novo caminho que já vem sendo percorrido por seu filho, nesse ano. Na entrevista estavam presentes, além da mãe de José e a pesquisadora, a sua professora e a diretora da escola.

A mãe descreve seu filho como uma "pessoa ótima", que "não perde a paciência" (realmente, paciência foi o que não lhe faltou). Comenta como ele é bom no desenho e descreve sua tristeza, sua angústia por ter sido discriminado na escola:

POSSIBILIDADES DE HISTÓRIAS AO CONTRÁRIO

"Chorava para não vir para a escola"... "Ele ficava tão triste quando a professora escrevia, em seu caderno, que ele estava fraco, que até arrancava as páginas do caderno".

Compara sua competência como filho com seu insucesso como aluno:

> Ele tem boa cabeça para ajudar a gente... Ele é muito mais rápido que o irmão mais velho...

> A professora dizia que ele é lento e que ele copiava uma linha e parava para conversar.

> Daí a professora passou ele para o prezinho (relatando como se deu a volta de José da 1ª série para o pré, em 1988). Falaram que ele não tinha o pré e que fazia falta. Mas, no pré, não adiantou nada.

Percebe que as professoras não ajudaram seu filho a superar as dificuldades, mas pelo contrário, contribuíram para que seu fracasso fosse se consolidando:

> Ela não ajudou. Ela separou ele no grupo dos mais fracos em 1992. Não deu resultado nenhum. Ele dizia que ia parar de vir na escola.

Ainda descrevendo características de seu filho, contou-nos que, naquele ano (1993), estava tudo diferente:

> Este ano está pedindo ajuda. Está aceitando mais. Agora sai debaixo de chuva para vir na escola.

Seu depoimento mostra o papel da escola na vida de José. Aponta alguns determinantes das inúmeras reprovações de seu filho, bem como identifica o que, na escola, contribuiu para sua melhora:

> Ele ficou muito contente de trabalhar em grupo. Ele me disse que tem um colega, o Marcos, e ele me disse – Mãe, o Marcos ajuda eu e o que ele não sabe eu ajudo ele.

José estava tão seguro da importância e da honestidade desta ajuda que, quando sua mãe lhe disse que perguntaria à professora se ele estava só copiando do Marcos, ouviu esta afirmação:

Pode ir.

Parece que José estava dizendo para sua mãe que o trabalho na sala de aula ficou diferente mesmo, que agora era permitido aprender e ensinar, que a professora havia consentido na troca entre colegas e que isto era bom...

É importante considerar também o que José disse sobre si mesmo e seu processo de aprendizagem, ao responder a um questionário que preparamos sobre o ano escolar, no final de 1993.

Nome: José
Série: CB II
Idade: 12 anos

1. Você está terminando a 2ª série.
Escreva quais foram as atividades que você mais gostou de fazer neste ano, na escola.
José: Foi fazer história do Bingo, atividades de números, a história do aniversário do Fábio, O país dos dedos gordos, a viagem para uma praia em Miami

2. Quais as atividades que você não gostou de fazer?
José: Não gosto de falar as minhas histórias para os outros

3. Você sabia ler no começo do ano?
José: Sim ( ) não ( ) mais ou menos (X)

4. O que você gostava de ler?
José: gibis e livros

5. Agora, em dezembro, você acha que mudou alguma coisa no seu modo de ler?
José: Sim (X) Não ( )

POSSIBILIDADES DE HISTÓRIAS AO CONTRÁRIO

6. O que mudou?
José: A leitura é melhor das histórias

7. O que você gosta de ler?
José: Gosto de ler poesia e eu gosto de ler livros.

8. Você sabia escrever no começo do ano?
José: Sim ( ) Não ( ) Mais ou menos (X)

9. O que você escrevia nas aulas, no começo do ano?
José: Eu fazia texto e história

10. O que você tem escrito agora, que está no final da 2ª série?
José: Histórias, relatórios e lição de casa

11. Você acha que seus textos estão diferentes dos textos que você escreveu, no começo do ano? Explique as diferenças que você tem percebido.
José: Eu acho que os meus textos estão melhorando

12. Você teve duas professoras, durante este ano. Lembre das coisas importantes que você estudou com elas.
José: Sobre o solo, pesquisa do rio, fizemos problemas, fizemos ciências, problemas com recorte e revista, ler.

13. Como você gostou mais de trabalhar?
José: em dupla ( ) em grupo (X) sozinho ( )
Explique porque.
José: Porque é melhor porque eles ajuda. Porque dá idéia e ajuda a gente.

14. O que você achou mais difícil neste ano?
José: Ler em voz alta e fazer relatórios

15. O que você achou mais fácil?
José: A atividade "as caixas de doces", adição com reserva, arme e efetue, escreva os números de 500 a 700, ditado de números, decomposição, equivalência, escrever a história do Bingo.

16. Todas as pessoas têm mais facilidade para algumas coisas e mais dificuldades para outras coisas. No que você acha que tem mais facilidade?
José: contas, ler e escrever e arme e efetue

17. No que você acha que tem mais dificuldades?
José: problemas e contas de vezes

18. Escreva o que você aprendeu durante este ano, de:
Português
José: poesias, histórias, recortes, leituras

Matemática
José: atividades com números

Estudos Sociais
José: O solo, os animais, a família, o verão, o inverno

Ciências
José: solo e sobre água

Artes
José: O papai Noel, jogo de queimada, o anjinho

Educação Física
José: campeonato de corda e jogo de queimada.

Nessas manifestações, reconhece-se como aluno, como escritor, como leitor. Consegue analisar a experiência escolar que teve e apresentar sua análise com clareza, de acordo com as possibilidades de sua elaboração. Sabe dizer do que gostou e do que não gostou. Indica que trabalhar em grupo é bem melhor do que sozinho porque desta forma há possibilidade para que idéias sejam trocadas e ajudas aconteçam.

José explicita que ainda não gosta de "falar" seus textos para outras pessoas, apontando talvez para um "medo de errar" que perpassou sua história de leitura na escola e, certamente, apontando para resquícios de uma concepção do que seja um bom texto, conforme lhe ensinaram anteriormente. Acostumado, durante quatro anos, com propostas de "redação", de escrever para ser corrigido, de escrever PARA a escola, e acostumado a cumprir solicitações para ler em voz alta como forma de obter uma "nota", não vê ainda, como seus textos possam constituir-se em um dizer para si e para o outro.

POSSIBILIDADES DE HISTÓRIAS AO CONTRÁRIO

Reconhece sua dificuldade "em problemas" e "relatórios", dando pistas sobre o que a professora deverá investir, no próximo ano.

Mesmo tendo vivenciado, nesse ano de 1993, várias situações nas quais seus textos e os de seus companheiros foram escritos da troca de idéias entre os escritores; mesmo tendo sido aplaudido por seus companheiros quando leu sua história, na frente da classe; mesmo tendo se afastado da imagem de aluno "fraco", José mostra marcas da experiência anterior com a leitura e a escrita como recursos apenas didáticos (o que é inevitável, dada sua história na escola). Embora as professoras, durante esse ano letivo, tenham realizado um trabalho que levou a descaracterizar José como candidato à classe especial (alterando as expectativas em relação a ele e dedicando-se a ensiná-lo), e tenham atribuído às atividades de leitura e escrita um caráter mais de produção do que de reprodução pura e simples de um "conteúdo" escolar, não chegaram (e nem poderiam) a alterar, de uma vez por todas, a maneira de José enxergar a escola e sua inserção nela.

Ainda assim – e a isso demos destaque – transformaram a pré-destinação de José para a classe especial em possibilidade de prosseguimento efetivo na vida escolar. Não apenas elas, mas os vários protagonistas desta história, 'encaminharam' José para a classe regular.

5

Conhecendo a classe especial da escola de José

Qualquer pessoa compreende que não há nada mais indesejável que a seleção de acordo com as particularidades negativas. (Vygotsky)

E se José tivesse ido para a classe especial?

Enquanto José estava participando de um processo pedagógico que o ajudou a construir conhecimentos com/sobre a escrita, num trabalho que privilegiou a linguagem em uso e as trocas interpessoais nas atividades, os alunos da Classe Especial da mesma escola, considerados "deficientes mentais", "difíceis", "fracos", "atrasados", estavam vivendo uma situação um pouco diferente da descrita até aqui. Nove alunos, todos encaminhados a esta classe pelo Serviço de Saúde como tendo necessidades especiais. Eis algumas justificativas de encaminhamento que pudemos encontrar em relatórios:

Apresenta pequeno atraso em seu desenvolvimento intelectual e perceptivo motor, com imaturidade nas habilidades requeridas para o processo de alfabetização.

Após ter freqüentado aulas durante três anos e meio em classe comum, ainda não integra adequadamente as sílabas para realizar a leitura.

Não identifica nenhum som dos dígrafos e encontros consonantais e apesar disso realiza cópias.

POSSIBILIDADES DE HISTÓRIAS AO CONTRÁRIO

> Necessita de estimulação na análise e síntese visual e auditiva e de atendimento individualizado, com elogios aos pequenos progressos que apresentar.

> Apesar deste ser o segundo ano que freqüenta a classe comum do C.B., não reconhece as letras do alfabeto, nem identifica os sons, os numerais e as pequenas quantidades.

> Necessita de estimulação individualizada... deve ser dada muita ênfase na comunicação e expressão verbal, nas estruturas mentais,... enfim, nas habilidades tidas como pré-requisitos ao processo de alfabetização propriamente dito.

> Pelo seu histórico de insucesso escolar, encontra-se "negativista", necessitando de intensivo reasseguramento das coisas que sabe e incentivo para aprender o novo...

Nas justificativas usadas para o encaminhamento destes alunos à mesma classe especial para onde José iria (se seu encaminhamento tivesse efetivamente se concretizado), pode-se identificar que as crianças levam a marca da incompetência, e à professora cabe a tarefa de habilitá-las, promover uma auto-imagem positiva, sanar as deficiências, trabalhar individualmente (e ao mesmo tempo, dar ênfase à comunicação e expressão verbal). Porém, a professora tem também a tarefa de fazer com que seus alunos voltem para a classe regular. Delineia-se o perfil da Classe Especial (já expresso de certa forma pela instituição que avalia as crianças, quando de nossa entrevista com seus profissionais): lugar de estimulação das crianças que, por suas diferenças individuais, não conseguem acompanhar uma classe regular. Lugar onde se tem uma professora especializada que pode trabalhar melhor do que as outras, que não têm formação suficiente. Lugar de criança que é lenta e não consegue se alfabetizar como as outras. Lugar para onde vão as crianças cujo diagnóstico tenha identificado problemas que estão nelas e/ou na família — identificação essa posta na criança (pelos testes que medem Idade

Mental e pelos relatórios da professora) e/ou na família (por meio de entrevistas com os pais).

Por meio de nossa presença na classe especial e das vídeo-gravações, pudemos conhecer um pouco de seu funcionamento e inferir o que teria acontecido com José, se tivesse ido para lá. Para ilustrar o que identificamos na análise, destacamos alguns dados originados das observações de uma aula no final do ano letivo e do exame de solicitações contidas nos cadernos de um dos alunos, que freqüentou esta classe, durante todo o ano de 1993.

Atividade de leitura

A professora está sentada à mesa. Quatro dos nove alunos ocupam carteiras colocadas bem próximas dela. Na lousa está escrita a poesia de Cecília Meireles – "Ou Isto ou Aquilo".

As atividades propostas (também por escrito) para as crianças eram:

1. Leia e copie a poesia.

2. Faça um desenho da parte que você mais gostou da poesia.

Cr. 1:[lendo] "Ou se tem sol, ou se tem ssssol e não se tem chuva...

Cr. 2: _ tia, o que quê é pra fazer? É pra desenhar?

Prof.: Isso! Nós vamos ler juntos a poesia, já, já, e daí você vai desenhar a parte que você mais gostou da poesia.

Prof.:[para um aluno que está sentado a sua frente]:Como chama esta poesia aí, que está aí?

Cr. 3: Aqui? [apontando o título da poesia, na cópia que fez em seu caderno.] Esse aqui que é o nome?

Prof.: É!

Cr. 3: Ou estou...

Prof.: Como? [espera alguns segundos] Então vai.

Cr. 3: Ai, eu, tia?

Prof.: Você sabe ler, vai.

Cr. 3: Ou...

Prof.: Ou...

Cr. 3: Ou estou...

O aluno continua tentando, mas não consegue ler.

A professora então insiste:

Prof.: Olha para falar, bem. Olha lá! [aponta para o caderno dele]. Você que tá lendo. Você sabe ler!

O. aluno "lê" baixinho e depois dá um sorriso para a professora.

Prof.: Hum...Então, vai. Vamos ver!

Cr. 3: A/qui/lou. Lô, tia!

Prof.: Isso! Então como é que fica tudo? Como é que a gente lê quando tá tudo junto?

Este aluno e os outros, que aos poucos vão chamando pela professora, não conseguem ler com autonomia; lêem de modo muito parcial.

A ajuda que recebem da professora é limitada, insuficiente para que consigam ler e dar sentido a essa atividade.

As crianças não conheciam a poesia. Não havia sido lida para eles, antes. Há uma promessa de leitura coletiva, mas uma cobrança individual evidente. O ritmo (característica marcante deste poema), o tom de voz, a melodia, os contrastes da vida diária, expressos pela autora, deixaram de fazer parte da "aula" de leitura e, portanto, ficou perdida a multiplicidade de leituras possíveis.

Ao propor a leitura, a professora desejava o quê? Que apenas decodificassem letras e palavras? Que tivessem, nesta aula, mais um "conteúdo" de Língua Portuguesa? Que aprendessem a ler? Que exercitassem leitura? Aferir a habilidade de leitura de seus alunos? Que situação concreta era essa que, em princípio, seria própria para tecer significados?

Geraldi, a propósito das ações que se fazem com a linguagem, diz que elas são "ditadas" pelos objetivos que se pretende. Que objetivos "ditaram" tal momento de leitura?

As tentativas de leitura por parte dos alunos também apontam para questões importantes.

O episódio descrito nos mostra o aluno numa situação bastante complexa, no momento de leitura. A professora "pede" a leitura – "como chama esta poesia, aí?"; o aluno tenta várias vezes e não consegue ler; a professora anuncia que houve erro – "como?"; tenta incentivar a criança, afirmando: – "Você sabe ler"; não dá pistas adequadas para que ele consiga e, num único momento em que a criança se aproxima da leitura esperada – "aquilou. Lô, tia", ela propõe que ele leia tudo junto, desconsiderando as questões lingüísticas envolvidas na aprendizagem da leitura/escrita não explicitando o que está querendo dizer com "tudo junto".

Cagliari nos previne que a leitura não é a fala da escrita, mas um processo que exige que o leitor acompanhe um pensamento expresso por outra pessoa (a que escreveu), que "declame" como se fosse um ator. Diz também que *"o esforço da criança que começa a ler é comparável ao esforço que um aprendiz de língua estrangeira faz para ler: é difícil conciliar os elementos fônicos com os elementos semânticos"* (1989, p. 162). Vejamos como continua a atividade de leitura da poesia.

É preciso ler o nome...

A professora está em pé, à frente da classe:

Prof.: "Gente, pra gente ler uma poesia, a gente tem que ler o nome da poesia primeiro. Ou isto, ou...
Crs.: Aquilo!

A professora tenta por várias vezes que as crianças leiam o título do poema por inteiro, mas isto não acontece.

A pesquisadora intervém, propondo às crianças que digam o nome da poesia, de olhos fechados. (A hipótese, depois de tantas tentativas de leitura sem sucesso, era a de que as crianças não estavam, como diz Bakhtin, vinculando signo e significação.)

Cr. 1: " Ou istou...ou a..."
Prof.: "Nãaooo"
Pesq.: "Que que é isto, ó? [mostrando um lápis]
Crs.: "Lápis"
Pesq.: "E aquilo?" [apontando a janela]
Crs.: "Janela".
Pesq.: [fazendo gestos, alternando os movimentos dos braços] "Ou isto" [mostra o lápis], "ou aquilo" [apontando a janela.] " Ou isto, ou aquilo" [sempre acompanhando a fala com gestos.]
As crianças começam a falar em coro.
Crs.: " Ou isto ou aquilo, ou isto ou aquilo..."

A aula continua com a participação da pesquisadora.

É possível analisar este episódio sob vários aspectos.

Primeiro, é possível questionar a ordem, a seqüência em que as atividades foram apresentadas para as crianças. O pedido para que as crianças lessem individualmente antecedeu o trabalho coletivo, ou um momento de leitura pela professora, em que poderiam/deveriam ter acontecido as negociações de sentido, entre professora e alunos, sobre o texto. O esforço de atribuição de sentidos ao texto ficou dependente apenas das estratégias de decodificação (ainda não consolidadas) das crianças.

Segundo, sente-se o desconhecimento da professora, nos momentos em que as crianças necessitavam fazer relações entre o escrito e o vivido, as quais este texto propiciava. Havia, provavelmente, um impedimento para a leitura, o qual não nos parece ser em relação à decodificação das letras, sílabas, palavras. O impedimento parece ser de outra ordem – a estrutura do texto, todo ele cheio de posições alternativas, de afirmações e negativas: "ou... ou, ou... e não, ou... e sim". Todo ele repleto de argumentações.

Quando, como, onde as crianças consideradas deficientes mentais, encaminhadas para as Classes Especiais, participam de diálogos com estruturas lingüísticas desta natureza, organizados de modo que mergulhem no *"vínculo indispensável entre signo e a significação"*

(Bakhtin, 1992, p. 50)? E se não participam, como vão incorporar tal jogo argumentativo por conta própria?

A descrição dessa atividade oferece indícios sobre o tratamento dado ao texto nos intercâmbios em sala de aula e sobre o nível de leitura alcançado pelas crianças, após um ano de trabalho pedagógico que supostamente deveria reconduzi-las à classe regular, propiciando a superação de suas dificuldades na alfabetização. É preciso registrar, no entanto, que a professora desta classe retornou cinco de seus nove alunos para a classe regular, dizendo-nos ter a esperança de que eles consigam evoluir.

Como indicado, também buscamos identificar características do processo de ensino da Classe Especial, com base nos registros nos cadernos de um dos alunos.

25 de março de 1993
"Faça desenhos que comecem com as letras:
A   B   C   ..." [com espaço para que a criança faça um desenho ao lado de cada letra]
"Pintar as letras, recortar e colar em ordem alfabética."

31 de Março de 1993
"Leia os nomes dos alunos de sua classe e copie com letra de mão".

26 de abril de 1993
"Descubra o segredo e continue
a,b,a,b,a,...............
A,B,A,B,....................."

29 de abril de 1993
"Vamos ler: A galinha do vizinho bota ovo amarelinho [o texto está mimeografado].
Desenhe a galinha e quantos ovos ela botou."

19 de maio de 1993
"Recorte e cole figuras com B."

16 de junho de 1993
"Desenhe as quantidades [com espaço entre um numeral e outro].
0   5   2   7   6   4"

Até o final do 1º semestre, as atividades variaram dentro dos mesmos propósitos: identificar quantidade e sua relação com a escrita do número, e reconhecer/registrar letras do alfabeto.

Encontramos também propostas de desenhos relativas a diversos assuntos: cômodos da casa, datas comemorativas, posição de objetos – "em cima", "em baixo", "à direita", "à esquerda" etc.

Em novembro, o caderno está com uma quantidade bem maior de atividades propostas pela professora, mas que não requerem maior elaboração, nem propiciam avanços significativos na aprendizagem dos alunos:

26 de novembro de 1993
"Desenhe o que fez hoje, na aula de Educação Física."
"Copiar, ler e circular a primeira letra do nome de quem está na nossa classe, hoje."
"Passe com letra de mão os nomes de quem está na nossa classe, hoje."

"Escreva uma qualidade de cada pessoa aqui de nossa classe."
"Faça o alfabeto com letra de forma."
"Resolva as contas:
1 + 1 = 1 + 7 = 5 + 3 = 2 + 7 ="

A maior parte das atividades de escrita ficaram restritas à formação de frases, sem qualquer relação entre elas:

"Faça uma frase com cada palavra que você escreveu com CH."

Vygotsky insiste em que a pedagogia da escola especial deveria fazer todo o esforço para as crianças atingirem formas elaboradas de pensamento abstrato. Se o que faltou a estas crianças foi o acesso aos conhecimentos e habilidades exigidos pela escola, é esta que deve construir o espaço dialógico de modo que possibilite avanços significativos em direção à apropriação de conhecimentos. É dentro desta concepção que questionamos os programas oficiais, rotineiramente propostos às Classes Especiais. O episódio descrito e a análise dos cadernos de um dos alunos indicam o distanciamento desta concepção.

A quantidade de atividades realizadas e o envolvimento da professora no planejamento revelam suas boas intenções e a tentativa de corresponder às expectativas relativas ao seu papel. Revelam também, por outro lado, suas dificuldades diante de um grupo de alunos já estigmatizados como "lentos", "desestimulados", "negativistas", "imaturos"... Bem como deixam claras as marcas de uma proposta de ensino simplificada, de pouca relevância para os alunos, e na qual não se avança na direção de ultrapassar o nível já consolidado de desenvolvimento e para caminhar em direção às possibilidades que tem o ensino de ir adiante do desenvolvimento atual. Lembramos que Vygotsky propõe que o bom ensino desperta e engendra uma série de funções que estão por se desenvolver; aquelas que configuram a Zona de Desenvolvimento Proximal. Ele insiste nesse papel da escola. Para ele, a instrução será totalmente inútil se utilizar-se apenas do que já amadureceu no desenvolvimento; se ela não for fonte de construção de algo novo.

No caso da Classe Especial, que se dispõe a trabalhar e ensinar crianças que já deixaram de ter oportunidades de aprendizagem eficaz, trata-se de uma perda extremamente significativa. São novas formas de pensar que deixam de se constituir.

Ainda considerando o conjunto de cadernos examinados, poucas foram as propostas de produção de textos; estas começam a aparecer somente em Novembro, com a seguinte atividade:

"Escreva a sua história" [a partir de três quadros desenhados e mimeografados].

E considerando os cadernos podemos perguntar: será que esses alunos precisavam de tanto tempo para que aprendessem tão pouco? Será que estavam aprendendo algo novo? Os exercícios propostos revelam uma baixa expectativa em relação à aprendizagem destas crianças. Em decorrência desta baixa expectativa, realiza-se o esperado: crianças que não se alfabetizaram e que pouco ampliaram os conhecimentos escolares.

Os estudos de Werner e Alves sobre programas e modalidades do ensino especial revelam algumas das tendências em relação às Classes Especiais para Deficientes Mentais. Tendências estas que acabam por se concretizar na prática educativa, retardando e muitas vezes impedindo a aprendizagem e o desenvolvimento das crianças que as freqüentam.

Entre estas tendências estão as crenças no "período preparatório" como "pré-requisito" para a aprendizagem, deixando por muito tempo as crianças expostas a exercícios descontextualizados e pobres de conteúdo. Como conseqüência de tal visão, outras marcas se fazem notar no ensino: infantilização das propostas pedagógicas, ênfase nas atividades psicomotoras, objetivos pouco claros com metas reduzidas e crença no trabalho individual/individualizado como condição para que alcancem autonomia.

Os programas das Classes Especiais, ancorados nos resultados dos testes psicológicos que diagnosticaram as crianças como "deficientes", "imaturas", "incapazes", "atrasadas", "lentas", deixam de trabalhar conceitos científicos e, conseqüentemente, retardam ou mesmo reduzem os modos de acesso dos alunos aos bens culturais.

Mas o tempo de convivência com a professora desta classe foi suficiente para que acreditássemos em sua vontade de acertar. O que aconteceu, então? Onde estaria o problema? Nas crianças? Seriam deficientes mesmo? (Já lembramos antes que as crianças realmente deficientes não parecem estar nas Classes Especiais.) No professor? Seriam as marcas das lacunas em sua formação? Ou seria o peso dos resultados dos testes, que determinaram o encaminhamento destas crianças para a Classe Especial?

Esta professora também interessou-se pelo trabalho realizado na sala de aula de José e nos dizia de sua inquietação como "especialista" em Educação Especial. Por várias vezes expressou descontentamento com sua atuação, lamentando a falta de ajuda dos órgãos competentes, que nem sequer promoviam cursos e assessoria às professoras do setor.

Em novembro de 1993, enquanto a Classe Especial caminhava como já ilustramos, José estava produzindo mais de um texto por semana, relatava em seu caderno de Ciências a pesquisa sobre animais, e, em Matemática, resolvia problemas de adição, subtração e multiplicação.

6

As marcas do problema, os caminhos de superação e os sentidos produzidos

> [...] *todas as impossibilidades aparentes precisam ser comprovadas, para deixarem de ser impossibilidades na realidade.* (Edgar Allan Poe)

Nem todas as indagações que fizemos foram respondidas; porém algumas respostas foram construídas da convivência na intimidade da sala de aula, examinada com base nas contribuições de diferentes autores.

Muito do que aconteceu ficou sem registro. Acreditamos, entretanto, que nos foi possível compor partes da história do aluno José, com base nos elementos que captamos.

Durante o ano em que seria (provavelmente) deslocado para a classe especial, José teve modificadas as relações interpessoais na sala de aula. Das preocupações que orientaram esta pesquisa, passamos a interagir com o aluno e a investir na sua permanência na sala regular. Em vez de acompanharmos 'um caso de risco' participamos intencionalmente das mudanças de condições de uma história escolar. Por certo que nossas ações, no âmbito da sala de aula ou fora dela, nem sempre foram as mais adequadas; porém, sempre orientadas pela convicção das possibilidades do aluno. A professora da sala regular, ao aceitar a pesquisadora em sua classe, colocou-se predisposta a se rever enquanto professora. Expôs-se, ao concordar com a nossa participação. Reconheceu que sua formação profissional (curso de Magistério e Pedagogia) não lhe deu subsídios suficientes para trabalhar com crianças que apresentam dificuldades como as de José.

A presença, em sala de aula, de crianças que são casos confirmados ou suspeitos de deficiência mental pode encontrar uma recusa de professores em assumir a responsabilidade pela superação dos problemas. Já discutimos as manifestações de uma professora de sala regular que acreditava que tais alunos precisam de um 'profissional competente', de outro tipo de profissional. Entretanto, como lembra Chakur, o impacto sobre alguns professores pode constituir-se um desafio, em vez de recusa, pois a presença da criança (se aceita) desestabiliza práticas cristalizadas e requer todo um trabalho de reflexão.

Em nossas conversas iniciais com a professora de José, ela solicitava ajuda e dizia esperar aprender muito com nossa presença. Realmente, cada vez que nos encontrávamos, ela questionava seu próprio trabalho, e construíamos novos significados para nossa participação, nesse processo. Novos significados ganhavam também as conquistas de José, na leitura e na escrita.

Foi então que pudemos elaborar, juntas, muitas das atividades propostas aos alunos de sua classe (e em especial para José) e, mais do que isto, pudemos ler e discutir alguns textos sobre Alfabetização e o ensino da Língua Portuguesa.

A preparação de muitas das atividades de Leitura, Produção de Textos e Análise Lingüística aconteceu com base nas sugestões do seguinte texto, elaborado para um dos momentos de estudo com a professora:

Sugestões para trabalhar com textos

A - Leitura

A leitura envolve reprodução e produção de significados. Por isso não é possível trabalharmos com roteiros preestabelecidos, como "modelos" de leitura para todo e qualquer texto.

A leitura que o professor pode fazer não é a única leitura possível. Há sempre novas possibilidades de leitura, dependendo da história de leitura de cada um e do texto.

Não se trata portanto de um modelo de trabalho, mas apenas um roteiro que indica caminhos e reflexões.

A primeira questão é: LER PARA QUÊ?

Podemos ler em busca de divertimento, de emoção, de prazer. Podemos conhecer, pela leitura, os sentimentos dos outros e as diferentes formas de pensar sobre as coisas. Na leitura pode-se buscar informações, orientações, novos conhecimentos. É possível tirar dúvidas, confirmar hipóteses ou obter dados para rejeitá-las. Buscar na leitura a música, a poesia, a notícia, a receita...

Todas essas possibilidades devem estar presentes nas escolhas do que levar para a sala de aula e propor aos nossos alunos como material de leitura.

A segunda questão: O QUE LER?

Uma leitura pode ser vista, vivida, ouvida, sentida, falada, cantada...

As crianças, desde cedo devem entrar em contato com uma diversidade de textos e de bons escritores.

Devem ler poemas, canções, lendas, parlendas, cartas, notícias, receitas, narrações, contos de fada, regras de jogo, histórias em quadrinhos, livros de histórias, textos informativos (de Ciências, de História, de Geografia, de Matemática), textos dos colegas, mapas, histórias mudas, desenhos, gestos, filmes, peças de teatro, jornais, revistas...

Terceira questão: COMO LER?

O primeiro contato das crianças com a leitura, se dá por meio da leitura do outro. Ela ouve histórias, ouve ensinamentos, escuta músicas etc. Ouvir é uma das formas de ler.

As crianças devem ter oportunidades de vivenciar diferentes maneiras de ler: baixinho, em silêncio, em duplas, em voz alta (quando o texto é próprio para este tipo de leitura), imitando diferentes tons de voz, colocando-se no lugar dos personagens, sentindo as situações, concordando, discordando. Ler como quem está alegre, triste, bravo, dependendo do texto. Ler em coro, fazendo jogral, cantando...

Até aqui tratamos bastante resumidamente de três questões sobre a leitura: ler para quê? Ler o quê? Como?

Na organização da prática de leitura em sala de aula, é possível perceber alguns Momentos de Leitura.

1. Leitura-Prazer: ler da primeira vez para conhecer o assunto, gostar ou não gostar, concordar ou discordar, imaginar-se na situação, apreciar as ilustrações ou ilustrar, fazer comparações com outros textos lidos, vividos, sentidos...

2. Leitura-Estudo: querer saber mais. Ler outras vezes para tentar conhecer melhor quem escreveu, quem ilustrou, quando escreveu e para quem. Perceber como o texto foi escrito, recontando-o. Observar a seqüência dos fatos, remontando-a e comparando as possibilidades/impossibilidades de outras seqüências. Estabelecer relações entre os acontecimentos, entre o vivido e o escrito, entre a possibilidade ou não de verossimilhança.

Relacionar texto com título. Distinguir narrador e personagens. Observar pontuações e seus efeitos. Situar-se em relação ao espaço e ao tempo. Perceber as maneiras diferentes de produzir um texto triste, alegre, verdadeiro, ficcional. Mudar pontos de vista, colocando-se no lugar de um ou outro personagem, em uma ou outra situação. Perguntar sobre as palavras, as expressões e confrontar significados... Perceber como as palavras foram escritas, comparar modos de falar com modos de escrever...

Quanto ao estudo da palavra escrita deve-se trabalhar a comparação entre a oralidade e a escrita, como por exemplo: fala-se DISSI e escreve-se DISSE; fala-se VOIMBORA, escreve-se VOU EMBORA. Importante também é reconhecer as possibilidades de escrita coloquial e abreviada, quando da fala de certos personagens. Ex: Chico Bento diz NOIS e se não disser assim e assim não for grafado, não será Chico Bento. As crianças dizem "manhê". Em algumas situações cabe melhor o "tá", o "prá" etc.

A leitura-estudo deve também levar a atividades de comparação entre as junções e segmentações da fala e da escrita pois as crianças, no início da alfabetização juntam e separam palavras, como por exemplo: " elecomeu", "em controu". Há regras de escrita que diferem das da fala, e as crianças, que já falam, ainda não conhecem as regras da escrita. Estão na escola para isto.

Outras questões sobre o funcionamento da escrita devem ser trabalhadas: o registro das falas dos personagens (distinção narrador/personagem), o uso das letras maiúsculas e minúsculas (considerando a liberdade de uso de uma ou outra forma, dependendo das intenções do autor). Há muitas situações nas quais pode-se ver escritos nomes próprios com letras minúsculas.

3. Leitura-Pretexto: podemos ir a um texto para utilizá-lo na produção de outros textos. Não se trata de usar o texto para retirar dele os exercícios gramaticais. Isto seria, segundo Geraldi ilegitimar um texto.

No entanto, a leitura nos sugere trabalhar a dramatização, a paráfrase oral e escrita, a ilustração, a busca de outros textos para completar idéias ou tirar dúvidas. Deve-se, nas séries iniciais, pedir aos alunos que estudem o texto, caso se vá precisar da leitura em voz alta. Cagliari diz que é preciso deixar que a criança estude bem um texto, decifre-o e treine sua leitura para depois pedir que ela leia em voz alta. Para alguns textos, pode-se pedir que as crianças sugiram outro final, outro "climax", outro título.

B - Produção de texto

Deve-se combinar o que fazer com as produções. Escreve-se para ser lido. É importante organizar formas para que os textos dos alunos sejam realmente lidos por mais de uma pessoa.

As produções podem e devem ser: coletivas, individuais, em duplas, em grupo...

É preciso clareza na proposta de produção, articulando-a com:

- os objetivos do momento
- o texto trabalhado
- o interesse dos alunos
- os objetivos da série
- as necessidades dos alunos

Só assim é possível avaliar avanços e recuos.

Pode-se propor que as crianças recontem o que leram, reescrevam partes dos textos, ilustrem partes ou o texto todo, dramatizem, transformem alguns textos em histórias em quadrinhos, em música, em poesia, em notícia...

As produções devem basear-se em discussões anteriores.

A proposta precisa ser clara e desafiante. Deve sugerir um texto, entendido como unidade de sentido. Geraldi define texto como "uma seqüência verbal escrita formando um todo acabado, definitivo e publicado" (1991, p. 101). Deve cumprir a sua finalidade – ser lido.

Apresentamos algumas propostas de produção de textos. Cada uma destas propostas saiu em classes diferentes, com professores diferentes e dependeram basicamente do texto que leram e da discussão que tiveram.

> *"Como seria a história de.... se fosse contada pelo pai dele?"*
> *"E se tal coisa não tivesse acontecido, como seria esta história?"*
> *"Imagine-se o personagem...."*
> *"Conte uma história em que o personagem seja..."*

"Conte a história que lemos dando a ela um final......."
"Você já passou por uma situação semelhante? Como foi? Conhece alguém que já viveu esta situação?
" O... contou como foi um dia de sua vida. Conte você um dia da sua."
"Você concorda ou discorda com a atitude de....? Escreva uma carta para... como se ela existisse mesmo, comentando sobre sua atitude."
"Imagine que você está em tal lugar, como você resolveria a situação?"
"Paulinha tentou convencer sua mãe de... Fazendo... Como você tenta convencer a sua mãe?"

As propostas de produção partem sempre do trabalho anterior. Não se trata de temas livres ou títulos estranhos. É difícil escrever partindo do nada.

Nas séries iniciais é recomendável que algumas idéias sejam discutidas antes do aluno escrever sozinho. No caso de produção coletiva ou em duplas, a discussão se dará naturalmente.

A primeira versão deve ser escrita no rascunho, de preferência em folhas soltas. Escreve-se sem preocupação. É momento da elaboração da sensibilidade.

Depois da primeira versão escrita, os alunos podem sentar-se de 2 em 2 e trocarem os textos. É o momento de um aluno dar opinião sobre o texto do outro e de ajudarem-se. Momento de interlocução.

Um diz para o outro sobre o título, clareza, pontuação, ortografia, coerência etc. Um diz para o outro se entendeu ou se está confuso e qual parte está clara ou confusa. É o leitor perguntando para o escritor.

Cada um dos alunos ou duplas, volta ao seu texto e o reescreve para só depois entregar ao professor.

Até este momento, o professor orientou a classe e cada aluno que necessitou, mas não teve os textos recolhidos ainda.

É interessante pedir para que cada aluno compare a primeira versão com a segunda e descubra o que foi alterado e porquê. Se ficou mais claro para o leitor ou não.

Este trabalho de revisão, os alunos levam 2 ou 3 anos para aprender a fazer. É preciso paciência! É preciso ensinar! É preciso fazer junto!!!

Quanto a produção de texto coletivo, deve-se dizer que esta é uma prática que deve ser vivenciada muitas vezes, em sala de aula. E em todas as disciplinas.

Depois da leitura (em qualquer modalidade de texto), com a classe, propõe-se uma situação de produção.

Nas séries iniciais, a produção coletiva acontece antes da individual, pelo menos algumas vezes no mês.

Os alunos e o professor vão colocando suas idéias a respeito do assunto ou vão narrando a história proposta. O professor vai escrevendo na lousa, à medida que as idéias vão surgindo. O professor vai questionando sobre a seqüência, os parágrafos, a pontuação, a melhor palavra para tal finalidade, a concordância, as diferentes possibilidades, a adequação ao título e à proposta, a coerência, a completude de idéias, a ortografia ...

Na verdade, a produção coletiva pode alcançar dois grandes objetivos: a construção conjunta e democrática – vivência da cooperação – e a aprendizagem das convenções da escrita, trabalhadas pouco a pouco.

Após o texto pronto, pode-se pedir que os alunos copiem ou pode-se entregar mimeografado para que colem em seus cadernos ou guardem em suas pastas. Este texto servirá para leitura, troca com outra classe, "dica" de como se pode escrever um texto, para montagem de um livro dos textos coletivos daquele ano ...

Vimos as práticas da Leitura e da Produção de textos. Agora vamos conhecer um pouco sobre a prática da Análise Lingüística.

C - Análise lingüística

Esta prática está sempre articulada com as outras duas: leitura e produção. Ela também deve estar baseada nos objetivos da série, do bimestre, da semana.

Faz-se a análise da língua em vários momentos, durante as aulas: quando se faz leitura-estudo, quando se compara escritos, quando se levanta hipóteses sobre a escrita, quando se analisa semelhanças e diferenças entre oralidade e escrita etc.

No entanto, há um momento dedicado especialmente a esta análise. É o momento da REESTRUTURAÇÃO DE TEXTO.

O professor leva para casa os textos individuais ou em duplas de seus alunos. De acordo com os objetivos e as necessidades de seus alunos, escolhe um deles para reestruturar. Prepara a reestruturação para que possa ter claro o que quer trabalhar com a classe. O texto escolhido deve revelar os problemas da classe ou também os avanços dela.

De um lado da lousa, escreve o texto escolhido, tal como foi escrito, apenas limpando a ortografia, no caso de se tratar das séries iniciais. A vivência com esta prática tem nos mostrado que as questões de ortografia, nas séries iniciais, não devem ser tratadas durante a Restruturação de Textos, mas em outros momentos especialmente dedicados a isso.

É preciso pedir autorização para o autor do texto. O aluno deve consentir com este trabalho em relação ao seu texto.

Lê-se o texto e analisa-se as questões em pauta: a seqüência, a coerência, a clareza, as idéias completas, as repetições de palavras, o parágrafo etc.

DEVE-SE TRABALHAR ALGUNS PONTOS DE CADA VEZ. NAS SÉRIES INICIAIS, O OBJETIVO É QUE ESCREVAM TEXTOS COMO UNIDADES DE SENTIDO, COM COERÊNCIA E COESÃO. ESTÃO INICIANDO O USO DA PONTUAÇÃO E AINDA LEVANTANDO HIPÓTESES ORTOGRÁFICAS.

Do outro lado da lousa, que foi dividida ao meio, vai-se reescrevendo o mesmo texto, arrumando-o, melhorando-o, sempre de acordo com os objetivos e com a autorização do autor.

POSSIBILIDADES DE HISTÓRIAS AO CONTRÁRIO

Ao reescrever, a participação dos alunos e a orientação do professor vão constituir um diálogo imprescindível. Ao final da reestruturação, os alunos comparam os dois textos – o que mudamos? por quê? onde alteramos? o que fizemos? Analisam se ficou melhor e sempre justificando suas opiniões. Percebem que mesmo depois da reestruturação haveria outras formas de escrever. NÃO HÁ SÓ UMA MANEIRA DE ESCREVER SOBRE UM MESMO ASSUNTO.

É possível reestruturar um mesmo texto mais de uma vez, e assim percebe-se que há muitas possibilidades de se trabalhar com a língua.

A REESTRUTURAÇÃO é um momento precioso para a intervenção crítica do professor. As explicações que dá, as reflexões que faz com os alunos, a organização das idéias; o estudo da "gramática" é aí que se dá também – quando se analisa as possibilidades da língua.

O momento da comparação dos dois textos também é muito importante. Vai formando o conceito de texto: por que escrevo assim e não de outro jeito? Por que aqui fica melhor esta forma? Quem está dizendo o que, para quem? Como consigo dizer melhor o que quero? Qual a idéia que completa a anterior? Que outra palavra posso usar para não repetir a que já disse?

Após a reestruturação, os alunos devem ter para si o texto reestruturado. Ou copiam (se o texto for curto), ou recebem mimeografado para que leiam e colecionem em pastas ou para outro objetivo que o professor combinar.

Se forem copiar, é importante copiar "certo". AS CRIANÇAS PRECISAM SABER DISSO. Na cópia não se pode inventar, é para se repetir o que foi escrito. Deve-se pedir que os alunos tenham suas cópias bem corrigidas.

Pode-se perceber que a escolha do texto para ler é de suma importância. O trabalho de produção e de análise lingüística dependem da condição de produção – desde a leitura e todo o trabalho com ela, passando pela produção coletiva, a produção oral, a preparação da seqüência, o clima de tranqüilidade, o tempo previsto, os objetivos claros, o destino dos textos...

Exemplo de um texto que foi reestruturado, numa 1ª série.

O texto lido foi o livro de Maria Mazzetti, *Maricota sem dono* (Ed. Ao Livro Técnico). A professora conversou sobre a história com as crianças. Após as discussões e as opiniões sobre o livro, a professora propôs que os alunos recontassem a história: como tinham entendido.

Levou os textos para casa e escolheu um deles para reestruturar coletivamente, em classe. Tinha como objetivo principal, neste momento, discutir a pontuação com as crianças e a organização das idéias no texto. Esta classe estava desde o início do ano trabalhando com livros de literatura infantil e escreviam bastante.

O texto escolhido para reestruturação foi o da Heloísa, por parecer à professora, que representava bem as dificuldades da classe, aquela altura do ano letivo – novembro.

Colocou-o na lousa sem os erros ortográficos: "Era uma vez uma menina sem dona, ela estava na vitrine com um cartaz e o cartaz dizia Liquidação Aproveite mas ninguém queria ela.

Um dia ela não agüentava mais viver lá, então passou seu avental costurou um sapato de couro e com uma letra linda escreveu Não tenho dona você me quer e saiu da vitrine e andou andou e viu uma menina que tinha um monte de brinquedos mas não quis ficar ela não ligava pros brinquedos e continuou andando que viu uma menina que tinha mais ou menos brinquedos mas não queria ficar os brinquedos eram sujos e estava noite.

Quando chegou numa casa onde a menina não tinha um brinquedo e ela dormiu porque estava de noite de manhã a menina abriu a porta Maricota estava com o papel a menina leu e ficaram sendo amigas."

A restruturação ficou assim:

POSSIBILIDADES DE HISTÓRIAS AO CONTRÁRIO

"Maricota sem dona

Era uma vez uma boneca sem dona. Ela estava na vitrine com um cartaz que dizia: Liquidação Aproveite, mas ninguém queria ela.

Um dia, ela não agüentava mais viver lá.

Então passou seu avental, costurou um sapatinho de couro e com uma letra linda escreveu: Não tenho dona, você me quer?

Saiu da vitrine e andou, andou e viu uma menina que tinha um monte de brinquedos, mas ela não quis ficar com ela porque ela não ligava para os brinquedos.

Continuou andando e viu uma menina que tinha mais ou menos brinquedos, mas também não queria ficar porque os brinquedos estavam sujos e quebrados.

Quando chegou na casa de uma menina que não tinha nenhum brinquedo, já era noite e ela cansada adormeceu.

De manhã, a menina abriu a porta, viu que Maricota estava com um bilhete na roupa, ela leu e ficaram sendo amigas."

Chegou a vez de cada professor, com sua classe, vivenciar o estudo de nossa língua e experimentar o prazer de se arriscar nesta aventura que é ler, produzir e refletir sobre o que se leu e produziu.

É com base na análise da língua que se pode elaborar atividades para o trabalho sistemático com a chamadas "dificuldades" de escrita. As tarefas de casa, as tarefas de classe, os exercícios etc., só terão sentido se estiverem articulados com as três práticas. Preparar atividades sem levar em consideração o próprio texto do aluno, sem levar em consideração as dificuldades e necessidades da classe a cada momento, é compreender uma língua estática e desvinculada de seu uso.

O interesse da professora em transformar a qualidade do trabalho pedagógico também pode ser ilustrado pelas iniciativas que tomou para ampliar as oportunidades de estudo. Ainda no primeiro semestre daquele ano, fez um curso com o autor do livro que lemos juntas num evento promovido pela Secretaria de Educação do Estado e, no segundo semestre, freqüentou outro curso, realizado numa universidade (este segundo curso, a professora da classe especial também freqüentou). Fomos estabelecendo uma interlocução sobre o papel do educador à medida que as discussões, os estudos e as interações com as crianças (principalmente José) aconteciam. As negociações de sentido foram aos poucos se refletindo na prática do cotidiano e pudemos perceber as mudanças que foram acontecendo nas interações – entre professora e José, entre professoras e alunos, entre um aluno e outro – e na análise da professora sobre a sua programação de ensino. Não se trata de afirmar mudanças repentinas. Mas nos pareceu que a "grande descoberta" da professora foi o reconhecimento do papel da mediação do outro na aprendizagem de cada um. O novo modo de olhar a sala de aula e os seus participantes e a nova forma de conceber a linguagem trouxeram, mais especificamente, o texto para ser o fio condutor de quase todos os trabalhos realizados (Língua Portuguesa, Estudos Sociais, Ciências, Matemática), com uma preocupação de trabalhar essas esferas de linguagem e de conceitos de modo "significativo", num esforço de conceber a relação com signos como trabalho com e sobre a realidade.

Segundo Bakhtin, "a significação constitui a expressão da relação do signo, como realidade isolada, com uma outra realidade, por ela substituível, representável, simbolizável" (1992, p. 51).

As tentativas de mudanças na programação já estabelecida no início do ano passaram a orientar-se, cada vez mais, para uma organização e buscas partilhadas de conhecimento em sala de aula, o que acabou resultando em grande progresso na alfabetização de José. Alfabetização que, sem dúvida, deveu-se às professoras, à pesquisadora, a Marcos e ao próprio José.

Os exercícios mecânicos do tipo: separar sílabas, copiar tantas vezes cada palavra que errou, registrar ditados, formar frases com palavras dadas, completar com..., dar o masculino de..., passar para o plural etc. foram efetivamente trocados por ações de, com e sobre

POSSIBILIDADES DE HISTÓRIAS AO CONTRÁRIO

a linguagem. Dentro das condições possíveis, os alunos de uma Escola Pública estavam tendo direito à voz. Estavam também tendo acesso a textos de boa qualidade (textos completos, não fragmentados nem adaptados). Os alunos leram muito mais, tanto textos curtos como livros da Biblioteca. Discutiram sobre o que leram, deram opiniões, dialogaram com o texto e com os outros leitores de sua classe. Produziram textos em duplas, em grupos, individualmente. Os textos eram lidos, comentados e reestruturados coletivamente. Vários alunos, entre eles José, tinham seus textos reestruturados individualmente, isto é, professora e aluno refazendo, corrigindo, ampliando... Várias vezes foram produzidos textos coletivos com a classe, momentos em que a professora pedia a participação dos alunos e mostrava o funcionamento da escrita padrão.

Com o apontamento dessas mudanças nas condições de produção de conhecimentos do aluno José e com as análises sobre as instituições de encaminhamento e a sala especial, queremos contribuir para o repensar da prática pedagógica, tanto da sala de aula regular como da classe especial. Desejamos que as discussões feitas provoquem indagações quanto ao modo como as avaliações psicológicas têm determinado os encaminhamentos para o ensino especial.

Quando penetramos pelo caminho por que passam as crianças suspeitas de deficiência mental, encontramos os professores, os testes, os relatórios, as resoluções legais usando do poder de avaliar, julgar e tomar decisões sobre a vida das crianças – diagnósticos e prognósticos representantes de concepções e modelos teóricos por vezes inconsistentes, porém com estatuto oficial de cientificidade nas tomadas de posição por parte dos profissionais considerados competentes para este fim.

Albert Jacquard, geneticista de populações, escreveu que "qualquer tentativa de justificação das desigualdades sociais com base em medidas tais como o quociente intelectual ou conceitos tais como a hereditariedade, constitui uma utilização fraudulenta das contribuições da ciência" (1985, p. 61).

A influência da Psicologia, carregada de marcas do mecanicismo e do organicismo, resulta na incorporação de certo tipo de preocupação com fatores sociais e gera certas elaborações conceituais e posições políticas, interpretações discutíveis como o mito da carência cultural e das diferenças individuais, que permeiam os discursos e as práticas no espaço escolar. Os defeitos são das crianças, a incompetência está nelas; as soluções são apontadas numa educação ora voltada para as possibilidades de adaptação intelectual, ora para o trabalho de caráter reabilitador do desenvolvimento de estruturas cognitivas sujeitas ao amadurecimento (sendo este subordinado aos processos de auto-regulação do pensamento).

Na pesquisa (Padilha, 1994) sobre a rede institucional de avaliação e atendimento não encontramos em qualquer momento a vinculação da origem da formação destas dificuldades a um contexto mais amplo – ao plano das condições socioculturais.

Acompanhando o discurso de que as crianças consideradas deficientes mentais têm direito à educação e ao saber escolarizado, encontramos tanto a organização de um sistema de avaliação que reduz esta possibilidade, como um sistema educacional que retarda o aprendizado e, portanto, o desenvolvimento desses alunos.

Por parte dos que avaliam, os problemas das crianças são interpretados com base no "núcleo primário" do defeito – guiando as interpretações pelo que a criança não é, por suas lacunas – e portanto são desprezadas suas possibilidades, suas habilidades, suas experiências. Como já apontava Vygotsky (1989), em seus estudos sobre Defectologia, quando se aborda só a dimensão do fracasso não há compreensão completa da criança.

Por parte de quem está encarregado de "reparar" os defeitos – seja a clínica, seja a professora da classe especial – identifica-se claramente a crença de que a "causa" é individual e de que a solução, ainda que dependa de ajuda de outros, está no plano individual, solitário de superação dos problemas. Fica desconsiderado, como fundamento do planejamento educacional, o que Vygotsky chama de trabalho coletivo, que segundo ele torna-se fonte de desenvolvimento das funções psicológicas superiores. Em outras palavras, a escola se acomoda aos problemas excluindo da ação institucional tudo o que exige pensamento abstrato, restringindo-se ao domínio dos recursos visuais e concretos – atividades isoladas e artificiais; mostra desconhecimento da força que tem a cooperação, a interação e o fazer junto, com metas a avançar de acordo com o nível real de conhecimento.

Vygotsky insiste em dizer que o aprendizado humano supõe e depende da penetração das crianças na vida intelectual das pessoas que as cercam. Esta concepção relaciona-se estreitamente a outra, expressa por Bakhtin: o mundo interior de cada um de nós tem um "auditório social", é nele que se constroem as relações sociais e as pessoas se definem, umas em relação às outras.

Assumir esta dimensão exige um movimento revolucionário que coloca a interação como lugar constitutivo da aprendizagem e, portanto, faz-se necessária, por parte de quem avalia e de quem planeja o ensino, uma nova concepção de educação, de linguagem e, conseqüentemente, de desenvolvimento e de aprendizagem da pessoa.

Vários pesquisadores brasileiros contemporâneos têm argumentado contra a forma como está estruturada a escola – instituição responsável pela ascensão da classe social menos favorecida (Geraldi; Smolka; Cagliari; Frigotto; Patto; Werner, entre muitos outros). Muitos trabalhos têm também mostrado as inadequações nos encaminhamentos de crianças às classes especiais (Ferreira; Jannuzzi; Correa; Werner, para citar alguns). O que procuramos apontar, em nosso trabalho, foi a viabilidade de se construir condições de aprendizagem, em classe regular da escola pública, para alunos que, no seu cotidiano de sala de aula, sofreram contingências sociais e culturais adversas no seu processo de alfabetização.

A busca de um referencial teórico que vê o aprendizado como aspecto necessário e universal do processo de desenvolvimento das funções psicológicas superiores, culturalmente organizadas, altera radicalmente o mirante de onde se olha, tanto o papel do professor como as possibilidades do aluno.

Constatamos, todavia, que este novo olhar sobre as questões da escola e seu compromisso com a aprendizagem e o desenvolvimento dos alunos passa por algumas tomadas de posições políticas, tanto com relação a definições do papel da escola quanto aos investimentos na formação do professor.

Leontiev, posicionando-se contra os que defendem as diferenças nas aquisições dos conhecimentos como resultado das aptidões de alguns e das incapacidades de outros, aponta que o caminho seria a criação de um sistema educacional que assegurasse o desenvolvimento de cada um, oferecendo possibilidades de apropriação da experiência acumulada pelos grupos sociais.

Nosso exame da rede de encaminhamentos das crianças para as classes especiais nos leva a reiterar a necessidade urgente de transformações conceituais, dos agentes que trabalham na área da Saúde e daqueles que, nas Universidades, são co-responsáveis pela formação destes profissionais e pela multiplicação dos tipos de signo e operações de interpretação implicados nos testes e diagnósticos. Em outras palavras, trata-se de uma necessidade premente de revisão dos critérios que se fazem presentes nos discursos oficiais e que legitimam as decisões cotidianas sobre "normalidade" e "deficiência".

A adoção da concepção histórico-cultural do desenvolvimento humano, a qual entende a possibilidade de conhecimento das novas gerações pelo processo educacional, em que o interpessoal é transformado em intrapessoal; a qual entende o desenvolvimento mental como processo que deve ser visto também em relação ao que a criança consegue fazer com ajuda dos outros; que assume a

POSSIBILIDADES DE HISTÓRIAS AO CONTRÁRIO

interlocução como espaço onde sujeitos se constituem pela linguagem levou-nos à sala de aula e a José.

A sala de aula, lugar de tantos desencontros e diferenças, lugar onde partem as primeiras suspeitas de "anormalidades" e "dificuldades" das crianças, de onde falam os que são (competentes ou não) designados a transmitir os conhecimentos, socialmente valorizados, a promover a construção de novos conhecimentos lugar onde os cidadãos devem apropriar-se de recursos semióticos, onde o próprio processo de apropriação implica produção de novos signos... esta sala de aula foi tomada como centro de nosso estudo.

Nela encontramos José. Um aluno multirrepetente, que antes de entrar para o CB sabia o alfabeto e os números, mas que voltou ao pré, e que no final de 1992, foi reprovado para refazer o CB pela quinta vez...

Nela encontramos duas professoras que se comprometeram com José e foram aos poucos descobrindo novos caminhos pedagógicos, foram colocando o trabalho coletivo e o texto como presenças indispensáveis para a aprendizagem de José e das outras crianças.

A caminhada de José pôde ser redirecionada e reinterpretada. As condições sociais para a construção/reconstrução de seus conhecimentos sobre leitura e escrita ganharam novas significações e, portanto, novas práticas foram experimentadas. Acostumado a repetir passivamente as lições da cartilha, a copiar e reproduzir enunciados sem significado, parecia ter perdido o prazer (que sua mãe nos contou que ele tinha, quando pequeno) pelo aprender, na escola.

Participando de uma nova proposta, na qual o trabalho de cooperação com seus pares passou a ser condição de produção do trabalho escolar; a ajuda da professora e da pesquisadora passou a ser constante indicação, tomada e retomada do aprender e na qual o texto passou a ser o fio condutor das ações do cotidiano na tarefa de ensinar, José aprendeu a ler e a escrever. Conheceu as palavras de outros, usou delas e teve lugar para dizer as suas palavras.

De suspeito de deficiente passou a ser um aluno em processo de construção de seu conhecimento, não se diferenciando de qualquer outra criança que está aprendendo a ler e a escrever. A diferença fica por conta do tempo que a escola fez José se atrasar. Fica por conta das marcas do fracasso escolar que estavam sendo tecidas em sua existência.

Cremos que o conjunto de procedimentos de encaminhamento das crianças para as classes especiais reforça a confusão entre a falta de conhecimento e a deficiência mental, ao desconsiderar as condições de produção desta falta de conhecimento das crianças. Os testes aplicados e, conseqüentemente, os relatórios com a sentença final, não escondem, nem sob as boas intenções, a concepção marcadamente discriminatória do déficit como originário no indivíduo ou nas condições culturais "limitadas" de sua origem social.

José foi DESENCAMINHADO da classe especial. E os outros Josés? O que é possível fazer com eles e por eles? E os que já estão nas classes especiais, como conseqüência de diagnósticos desastrosos, e por isso estão deixando de aprender e de se desenvolver?

Uma parte da resposta parece estar na idéia de que, mesmo nas restritivas condições atuais, é preciso construir novas relações de ensino. E no curso delas, criar signos das possibilidades de aprendizagem.

7

A diversidade e a profissão docente[1]

Quando comecei escrever estas reflexões, deparei com um enorme desafio. O desafio foi transformado em perguntas que eu me fazia: De qual diversidade estou falando? Quem vive a diversidade? Onde ela está?

Comecei a procurá-la em minha vida. Aos seis meses de idade tive poliomielite – paralisia infantil. Eu era diferente dentro da minha família. Só eu tivera essa doença. Andei tarde, aos quatro anos, enquanto outras crianças da mesma idade começaram a andar muito mais cedo. Eu precisava de um aparelho especial, pois minha perna direita não conseguia apoio sozinha. Consegui andar e tive de fazer muitos exercícios, várias vezes por dia – um milagre de Nossa Senhora Aparecida, como sempre me disseram meus pais. Na escola, não conseguia jogar queimada ou vôlei nas aulas de Educação Física – eu sempre fazia meu time perder porque não corria bem e caía muito. Muitas vezes fiquei sentada num banco que minha professora chamava de "banco da boa vontade". Expressão sempre dita de forma irônica e que magoava muito.

Diversidade seria só isso em minha vida? A cada dia algo diferente. Muitas tristezas, muitas desilusões, muitos desejos não realizados. Muitas delícias; muitos encontros inesquecíveis; muito

---

1 Este texto foi apresentado em uma palestra para professores promovida pelo Senac de Piracicaba em outubro de 2003. Trata de uma temática bastante atual, visto que, nas palavras oficiais e nas de professores, há constantes referências sobre os modos de enfrentar a diversidade na sala de aula.

POSSIBILIDADES DE HISTÓRIAS AO CONTRÁRIO

estudo; uma vontade imensa de construir um mundo melhor. Participação na política estudantil na década de 1960, perseguição policial na época do governo militar. Fuga. Alfabetizei marinheiros do Rio Paraná. Trabalhei com professores indígenas em Mato Grosso, dediquei-me aos deficientes mentais e à formação de professores. Fui professora de Educação Infantil e do Ensino Fundamental e Médio. Perdi empregos, consegui empregos, tive filhos, perdi meus pais...

Diversidade não só nas condições concretas de vida social. Diversidade nos acontecimentos da vida. Diversidade nos sentidos das palavras.

O que é mãe para quem está grávida, para quem perdeu a mãe, para quem foi rejeitado por ela? O que é mãe para quem está com a sua no hospital, para quem perdeu um filho, para quem queria ser mãe e não pode? O que é mãe para quem precisou abortar? O que é mãe para as que têm seus filhos na Febem?

Passei, em seguida, a pensar na diversidade existente ao meu redor. Meu melhor amigo morre em decorrência de um câncer no último dia 24 de outubro. Uma professora querida morre em um acidente na estrada. Por que a morte nos amedronta tanto? Não sabemos que todos vamos morrer? Contradição parece querer dizer o mesmo que diversidade. Conceitos próximos.

Fui aos jornais. *"Estudos apontam que a baixa escolaridade é um dos fatores mais importantes na produção de desigualdades sociais no Brasil e que afeta o desenvolvimento econômico do país".* [2] Mas como? Segundo os dados do MEC/2002 não estão na escola 95% das crianças e jovens desse país?

Contradição. Diversidade de informações. Diversidade nos modos de olhar para os acontecimentos. Diversidade e contradição

---

2   "Folha Trainee", Caderno Especial 1, *Folha de S.Paulo*, 27 de março de 2001.

nos modos de conceber o que venha a ser uma pessoa alfabetizada. Uma preocupação estatística que nos engana.

Há mais analfabetos entre os negros e pardos. Metade ou mais de nossa população é negra, parda ou mulata. Joga-se com os números e com os índices conforme os interesses de um pequeno grupo. Contradição. Diversidade. Desigualdade.

"A maioria dos portadores de deficiência no país mora em área urbanizada, tem até três anos de escolaridade e é mulher".[3] Não há atendimento suficiente para eles. Querem colocar todas as crianças deficientes na escola, mas não estamos preparados para recebê-las bem. Afinal, a escola nunca esteve preparada para quem é diferente dela. A escola preparou-se para ensinar a quem aprende igual. Comporta-se igual. Mas igual a quem? Os professores são todos iguais? As necessidades são todas iguais? Mas os programas são iguais e, se não são, dizemos que estamos fazendo adaptações, modificações, concessões...

Diversidade. Contradição. Desigualdade de oportunidades. Injustiça.

"Analfabetismo funcional atinge 38% dos brasileiros. Maioria sabe ler mas não entende direito". "Pouco mais da metade dos que têm de quatro a sete anos de estudo atinge os níveis básicos de leitura e escrita".[4] Que bom! Passaram pela escola, estiveram nos bancos escolares algumas horas por dia, tiveram professores, cadernos, lápis, aulas. Não aprenderam? Por quê? Trabalho docente. Diversidade. Contradição. Injustiça.

"Numa cidade do Ceará, crianças mortas são matriculadas para poderem aumentar o número de alunos e assim receberem dinheiro público".[5] Mentiras, corrupção, irregularidade no modo de tratar o dinheiro e a escola públicos.

Desrespeito.

---

3 *Folha de S.Paulo*, 17 de outubro de 2003, p. C7.
4 "Folhateen", *Folha de S.Paulo*, 15 de setembro de 2003, p. 11.
5 *Folha de S.Paulo*, 14 de setembro de 2003, p. A6.

Uma professora de uma escola particular de São Paulo ganha, por quatro horas de trabalho diário, R$ 3.500,00 por mês. Outra, no Norte do Brasil, ganha R$ 80,00 para dar as mesmas horas de aula em uma escola pública.

Injustiça, desigualdade, contradição. Diversidade?

Milhões de analfabetos no Brasil. Milhões abaixo da linha de pobreza. Milhões de miseráveis, milhões abaixo da linha da miséria.

"Das cerca de 60 milhões de crianças brasileiras, segundo o Unicef, 6 milhões vivem em pobreza absoluta. Já os afetados pela pobreza somam cerca de 15 milhões". (...) Das crianças brasileiras, 144 mil nunca foram à escola". [6]

Se 144 mil crianças estão fora da escola. Isso significa que mais de 5 milhões de crianças em estado de absoluta miséria estão na escola. Estão? Fazendo o quê? Quem são seus professores ou professoras? Que programas escolares estão desenvolvendo? Para quê?

Desigualdade, injustiça, corrupção. Diversidade?

"Nos melhores postos da sociedade estão os brancos. Os negros estão nos piores e são, muitas vezes, ligados a crimes". [7] É a falácia da democracia, a mentira de que não somos racistas.

Desigualdades raciais. Diversidade?

"Nos abrigos de menores estão os filhos que ninguém quer. Crianças que não são adotadas porque são negras ou deficientes. Essas estão excluídas das listas de adoção". [8] Como nomear essa situação? Não consigo chamar de diversidade, nem de injustiça, porque é pouco. Talvez pudéssemos denominar crueldade? Onde estão essas crianças? O que se faz com elas nas escolas? O que farão elas quando crescerem um pouco mais e já não puderem ficar nos abrigos porque

---

6 "Pobreza afeta ao menos 1 bilhão de crianças [no mundo]", *Folha de S.Paulo*, 24 de outubro de 2003, p. A12.

7 TRAGTENBERG, Marcelo. "Um olhar branco", *Folha de S.Paulo*, 13 de outubro de 2003, A3 (Opinião).

8 *Folha de S.Paulo*, 12 de outubro de 2003, p. C10.

não serão menores? Menores em quê? Maiores em quê? O que quer dizer, nessa situação, ser maior? Não dá uma ilusão de melhor? De mais poder? De superior? A idade seria suficiente para alterar as condições de vida, as emoções, os sentimentos, os afetos e desafetos?

Mas prossegui nas minhas reflexões e fui aos livros. Leonardo Boff disse que *"a cabeça pensa a partir de onde os pés pisam"* (2002, p. 09). Que diversidade de lugares pisamos, que diversidade de pensamentos pensamos... Se pudéssemos ouvir o que cada um de nós está pensando agora, encontraríamos uma diversidade incalculável, mesmo que estejamos pisando lugares aparentemente iguais. Somos professores, brasileiros, de uma certa faixa de idade mais ou menos semelhante. Pertencemos a uma certa classe social. Mas que diversidade. E ficamos tão preocupados e ansiosos com a diversidade que encontramos em nossas salas de aula!

Não me parece possível falar de trabalho docente e diversidade sem chamar alguns autores para participar de nossa conversa.

Busquei em Emir Sader algumas informações que nos tornam mais conscientes do mundo em que vivemos. Ele nos faz pensar, em especial na diversidade. Diz ele: *"Se o mundo fosse uma aldeia com mil habitantes, a metade da riqueza estaria apenas nas mãos de 60 pessoas, todas norte-americanas. Oitocentas pessoas da aldeia viveriam em casas de má qualidade, 670 seriam analfabetas e apenas uma teria educação universitária."* (...) (2000, p. 75).

Em nosso planeta, duas em cada três pessoas não sabem ler. Vinte em cada mil não comem absolutamente nada – morrem de fome. E Sader explica por quê: 5% dos recursos são gastos com educação, 4% com saúde, 6% com armamentos. A concentração de riqueza está assim distribuída: os 20% dos habitantes dos países mais ricos são responsáveis por 86% dos gastos em consumo privado – 66% mais para aqueles que têm maior poder aquisitivo.

POSSIBILIDADES DE HISTÓRIAS AO CONTRÁRIO

Essa quinta parte do mundo consome 45% de toda a carne e de todo o peixe, enquanto um quinto das pessoas dos países mais pobres consome 5%.

Essa quinta parte do mundo consome 84% de todo o papel, e a quinta parte dos mais pobres apenas 1%. As 225 pessoas mais ricas do mundo somam uma fortuna superior a um trilhão de dólares – soma da renda de 2 bilhões e meio de pessoas.

Diversidade? Desigualdade? Imperialismo? Capitalismo?

E nós com isso? Em que nos afeta saber dessas coisas, obter esses dados? Somos parte da mesma espécie humana ou não?

Mário Sérgio Cortella explica de maneira bastante interessante o que significa ser humano. Estamos em um dos universos possíveis. Ele é finito e tem, provavelmente, formato cilíndrico. Esse universo surgiu há aproximadamente 15 bilhões de anos. Nesse universo agrupam-se 100 bilhões de galáxias. Uma das galáxias é a *Via Láctea*, que contém 100 bilhões de estrelas. Nessa galáxia, há 4,6 bilhões de anos originou-se o sistema solar. O sol é uma das 100 bilhões de estrelas. Existem nove planetas conhecidos girando em volta do sol. Um desses planetas é a Terra. Na Terra há vida. Estima-se que existam em nosso planeta cerca de 30 milhões de espécies de vida diferentes, 41 mil vertebrados. Uma dessas espécies é a nossa – *Homo Sapiens Sapiens* (surgida há 35 mil anos). A espécie humana tem perto de 6 bilhões de indivíduos. Um deles *sou eu*. O outro *é você*.

Diversidade! E tanta semelhança! Desigualdade! E uma só espécie humana.

Milton Santos, geógrafo, negro, professor da Universidade de São Paulo, falecido em 2001, chama de *"deficientes cívicos"* àqueles que em nossa sociedade deixam de conceber a educação como interesse social e individual. Diz que é a combinação desses interesses que devem orientar os programas escolares, as práticas pedagógicas. A sociedade está sempre mudando, e o contexto histórico é determinante dos conteúdos escolares. Para ele, a educação deve ser para todos, garantindo a eliminação das desigualdades (e não das diferenças); deve desencorajar os preconceitos.

Temos ouvido e repetido palavras como globalização, individualidade, cidadania, sem nos apercebermos, muitas vezes, do quão enganosas são essas palavras e o que elas carregam de avassalador. Na verdade estamos vivendo no mundo do "salve-se quem puder", do "vale tudo", da competição entre anões e gigantes – em que com certeza os gigantes derrubam os anões... Somos tentados a achar "natural" a desigualdade, a pobreza, a miséria, a má distribuição das riquezas materiais e culturais. O capitalismo, há pouco mais de trezentos anos, vem nos constituindo como sujeitos que aceitam a competitividade.

Não nos damos conta de que, quando falamos em "competências e habilidades" como metas da escola estamos, na verdade, aceitando que alguns podem mais que os outros: "salve-se quem puder".

A diversidade nos incomoda, nos assusta, nos deixa sem saber o que fazer. Não nos damos conta de que, no dia-a-dia, no miúdo de nossas ações, nas nossas palavras, nos mínimos gestos estamos contrariando nossas concepções. A avalanche de resoluções, de parâmetros de todo tipo, de cursos e treinamentos estão tirando de nós a consciência de gênero humano, a consciência de processo social, a consciência de nosso papel político, de nosso compromisso. Ficamos aturdidos e perdidos e, por que não dizer, desanimados. Esperávamos alunos que nos ouvissem, que copiassem certo, que resolvessem as contas que colocamos na lousa. Insistíamos para que isso acontecesse. Depois, outras teorias, outras instruções, outras pressões, novidades... O que fazer com as crianças que não conseguem o que delas esperamos? Esperamos que amadureçam, que aprendam sozinhas, que construam sozinhas o conhecimento. Mas que demora! E o nosso papel? O que fazer? Corrigir? Ensinar? Esperar? Que diversidade de sentimentos...

Muitas vezes não nos damos conta de que estamos envolvidos no lema "aprender a aprender" que os Parâmetros Curriculares Nacionais (PCN) apontam como princípio da educação. É um discurso educacional oficial forte, muito de acordo com o cenário do capitalismo atual.

Newton Duarte nos lembra que a adoção do construtivismo como referência teórica dos PCN tem a aparência de uma educação crítica, mas que trata-se nitidamente de uma tentativa de centrar o ensino na criança, no aluno, no pólo da aprendizagem, distanciando nossas práticas educativas do ensino propriamente dito. Estaríamos, sem nos darmos conta, concebendo o papel da escola como preparadora das pessoas para o trabalho? Para o mercado?

Estaríamos entrando de "gaiatos" na ideologia de que as novas competências estariam preparando novos profissionais para as novas tecnologias? Estaríamos achando que na escola os alunos devem se adaptar ao mercado de trabalho? Dessa forma, estaríamos deixando de considerar a diversidade e buscando a homogeneidade, que para o neoliberalismo é sinônimo de sucesso para alguns e fracasso para outros? Estaríamos acreditando que nem todos têm capacidade de se adaptar às complexas condições de alternativas de trabalho?

Será por isso que nos incomoda tanto que crianças e jovens da classe popular estejam na escola? Que cegos, surdos, deficientes, negros, pobres, índios, soropositivos, filhos de pais presos, de prostitutas... estejam sentados nas carteiras de nossas salas de aula?

"Vejam-se por exemplo, as propostas atuais para os cursos de formação de educadores, que preconizam a formação do 'prático reflexivo', uma expressão que resulta, na realidade, em brutal aligeiramento da formação teórica do futuro educador", afirma Duarte (p. 68).

Segundo esse mesmo autor, estamos iludidos, e essas ilusões se concretizam em formulações tais como: a) o conhecimento está disponível a todos por meio da escola, da informática, da internet; b) a habilidade de mobilizar conhecimentos é mais importante que adquirir conhecimentos; c) os conhecimentos são todos iguais, têm o mesmo valor, não havendo entre eles uma hierarquia; d) apelar para a consciência dos alunos e professores, por meio de palavras e bons exemplos, bastaria para acabar com a violência, as guerras e as desigualdades e para gerar tolerância.

Mas, qual é o papel da escola? Aproximo-me de Dermeval Saviani:

> *O homem não se faz homem naturalmente: ele não nasce sabendo ser homem, vale dizer, ele não nasce sabendo sentir, pensar, avaliar, agir. Para saber pensar e sentir; para saber querer, agir ou avaliar é preciso aprender, o que implica o trabalho educativo. Assim, o saber que diretamente interessa à educação é aquele que emerge como resultado do processo de aprendizagem, como resultado do trabalho educativo* (2000, p. 11).

E diz mais: "*O trabalho educativo é o ato de produzir, direta e intencionalmente, em cada indivíduo singular, a humanidade que é produzida histórica e coletivamente pelo conjunto dos homens*". (p. 17).

É papel da escola identificar o que deve ensinar; qual a importância do que pretende ensinar; que bens culturais precisam ser assimilados pelos alunos; quais as formas mais adequadas para atingir esses objetivos; que conteúdos, em que espaço, em que tempo e com que procedimentos vamos cumprir tais objetivos. Será que pensamos que tudo isso está nos livros didáticos? Está também, mas só? De que forma? Ensinar não é ato de violência, mas é ato de força. Força para superar o saber espontâneo.

Bem, que diversidade! Em alguns lugares deste país o livro didático é o único livro que todos lêem, professores e alunos.

Infelizmente, o Brasil está atrasado em relação ao cumprimento dos direitos humanos. Os deficientes, principalmente os pobres, não têm acesso aos bens culturais desenvolvidos pela humanidade. A ciência e a tecnologia avançam sem, no entanto, servir a todos. Não há escadas rolantes, rampas, ônibus com mecanismos especiais para todos os deficientes físicos. Não há sequer escolas públicas aparelhadas para recebê-los, com as necessidades que têm. Não há aparelhos auditivos disponíveis para todos os surdos da classe popular que deles necessitam. Não há Escolas Normais ou cursos de Pedagogia (salvo exceções) que ensinem os futuros professores a Língua Brasileira de Sinais, a língua dos surdos, ou que ensine o Braille, indispensável para os cegos poderem ler e escrever. Não fazem parte dos programas as questões da terra (e dos sem ela), dos negros, das mulheres, das crianças que vivem na rua, da morte. Aliás, o que vai ser das nossas Escolas Normais? E dos nossos cursos de Pedagogia? Como estão definindo por nós as políticas da educação?

E quanto aos deficientes mentais? Quem são eles? Quem determina que alguém é mais eficiente ou mais deficiente que os outros? A lei diz que todos têm direito à educação e ao acesso aos bens culturais (diz mesmo?). Há uma legislação para a educação dos deficientes, cujo nome é Educação Especial. Mas, o que ela tem de especial? Especial por quê? Em quê? Ensina menos? Ensina mais devagar? Mas o que é ensinar mais depressa? O que é aprender mais depressa ou mais devagar?

Diversidade de perguntas. Diversidade de respostas.

É preciso parar um pouco a corrida contra o tempo para que as questões apareçam e nos provoquem: quem determina a finalidade do que se ensina? Quem determina o que é importante saber? Quem deve saber mais? Ou: quem deve saber apenas um pouquinho para não ficar um semi-analfabeto? Ou se é analfabeto ou se é alfabetizado. Não há semigravidez, semipobreza, semi-escola, semi-alfabetizado, semipolitizado... As questões continuam as mesmas: quem deve saber? O quê? Por quê? Para quê?

Ter lugar na escola não significa apenas ter uma carteira, uniforme, material escolar, merenda ou professor (mesmo que tudo isso faça parte da possibilidade de pertencer a uma escola). A questão é: quem tem lugar na escola, que lugar tem? Que tipo de relação vivencia?

São as relações entre as pessoas que determinam seus papéis sociais e estes, por sua vez, determinam a dimensão das relações – só há pai porque há o filho. Só há o professor porque há o aluno (aprendendo com o professor). Quem ensina, ensina para alguém que aprende. E quem é que aprende? Onde? Quando? Onde há ensino para aqueles que aprendem diferente do professor?

Muitos de nós, professores, nem ao menos sabemos como é que aprendemos o que sabemos ou porque será que não sabemos tantas outras coisas.

Quem aprende igual à escola? Não seriam aqueles que já sabem, independentemente da escola? Os iguais não seriam aqueles cujos pais já sabem e ensinam? Não seriam aqueles que já nasceram em um grupo social/econômico privilegiado? Não seriam aqueles que ganham livros, lápis de cor, aquarelas, lousas, computadores... como presentes, nas festas dos primeiros aniversários? E os diferentes? São diferentes por quê? Em quê?

Não adianta tanta lei, tanta imposição, tantas resoluções, tantas comparações, tantas oficinas pedagógicas... Mesmo que tudo isto componha o fazer pedagógico, é preciso uma tomada de posição mais grave. Mais consciente, mais competente, mais criativa, mais comprometida politicamente com a classe popular.

Vou terminando com um poema de Bertold Brecht (1986, p. 114), lançando um desafio a todos nós.

Elogio ao aprendizado

Aprenda o mais simples!
Para aqueles cuja hora chegou
Nunca é tarde demais!
Aprenda o ABC; não basta, mas
Aprenda!
Não desanime! Comece!
É preciso saber tudo!
Você tem de assumir o comando!
Aprenda, homem do asilo!
Aprenda, homem na prisão!
Aprenda, mulher, na cozinha!

POSSIBILIDADES DE HISTÓRIAS AO CONTRÁRIO

Aprenda, ancião!
Você tem de assumir o comando!
Freqüente a escola, você que não tem casa!
Adquira conhecimento, você que sente frio!
Você que tem fome, agarre o livro:
É uma arma.
Você tem de assumir o comando!
Não se envergonhe de perguntar, camarada!
Não se deixe convencer
Veja com seus olhos!
O que não sabe por conta própria
Não sabe.
Verifique a conta.
É você quem vai pagar.
Ponha o dedo em cada item
Pergunte: O que é isto?
Você tem de assumir o comando!

Referências bibliográficas

BAKHTIN, Mikhail (Volochínov). *Marxismo e filosofia da linguagem*. São Paulo: Hucitec, 1992.

BOFF, Leonardo. *A águia e a galinha – uma metáfora da condição humana*. 39ª ed. Petrópolis: Vozes, 2002.

BONFANTINI, Massimo e PRONI, Giampaolo. "Suposição: sim ou não? Eis a questão", in ECO, Humberto e SEBEOK, Thomas. *O signo de três*. São Paulo: Perspectiva, 1991.

BRASIL, Ministério da Educação e Cultura. Centro Nacional de Educação Especial (CENESP) Proposta Curricular para Deficientes Mentais Educáveis. Vols. I, II, III e IV. Brasília, 1979.

_____. Subsídios para Organização e Funcionamento de Serviços de Educação Especial. MEC/SEPS/CENESP. Rio de Janeiro, 1984.

BRECHT, Bertold. *Poemas 1913-1956*. 1ª ed. São Paulo: Brasiliense, 1986.

CAGLIARI, Luis Carlos. *Alfabetização & lingüística*. São Paulo: Scipione, 1989.

CAPRETTINI, Gian Paolo. "Peirce, Holmes, Popper", in ECO, Humberto e SEBEOK, Thomas. *O signo de três*. São Paulo: Perspectiva, 1991.

CHAKUR, Silvana Saraiva. "Interações e construção do conhecimento no deficiente mental: um estudo na pré escola de ensino regular." Dissertação de Mestrado, Unicamp, 1994.

CORREA, M. Angela Monteiro. "De rótulos, carimbos e crianças nada especiais." Dissertação de Mestrado, Unicamp, 1990.

CORTELLA, Mário S. *A escola e o conhecimento – fundamentos epistemológicos e políticos*. 6ª ed. São Paulo: Cortez/ Instituto Paulo Freire, 2002.

DOYLE, Conan. *Um estudo em vermelho*. São Paulo: Melhoramentos, 1991.

DUARTE, Newton. *Vigotski e o "aprender a aprender" – crítica às apropriações neoliberais e pós-modernas da teoria vigotskiana*. 1ª ed. Campinas: Autores Associados, 2000.

ECO, Umberto e SEBEOK, Thomas. *O signo de três*. São Paulo: Perspectiva, 1991.

POSSIBILIDADES DE HISTÓRIAS AO CONTRÁRIO

EZPELETA, Justa e ROCKWELL, Elsie. *Pesquisa participante*. São Paulo: Cortez, 1989.

FERREIRA, Júlio Romero. *A construção escolar da deficiência mental*. Piracicaba: Ed. Unimep, 1989.

FRANCHI, Eglê. *A redação na escola. E as crianças eram difíceis...* São Paulo: Martins Fontes, 1988.

FRIGOTTO, Gaudêncio. *A produtividade da escola improdutiva*. São Paulo: Cortez, 1989.

GINBSBURG, Carlo. " Chaves do Mistério: Morelli, Freud e Sherlock Holmes", in ECO, Humberto e SEBEOK, Thomas. *O signo de três*. São Paulo: Perspectiva, 1991.

GERALDI, João Wanderley. *Portos de passagem*. São Paulo: Martins Fontes, 1991.

GÓES, Maria Cecília R. de. "A criança e a escrita: explorando a dimensão reflexiva do ato de escrever." in SMOLKA, Ana L. B. e GÓES, M. C. R. *A linguagem e o outro no espaço escolar*. Campinas: Papirus, 1993.

GÓES, M. Cecília R. e SMOLKA, Ana L. B. "A criança e a linguagem escrita: considerações sobre a produção de textos". in ALENCAR, Eunice S. Novas. *Contribuições da psicologia aos processos de ensino e aprendizagem*. São Paulo: Cortez, 1992.

ILARI, Rodolfo. "O que significa ensinar língua materna", in *A universidade e o ensino de 1º e 2º graus*. Campinas: Papirus, 1988.

JACQUARD, Albert. "O Indivíduo" in: *Entrevistas do Le Monde*. São Paulo: Ática, 1989.

JANNUZZI, Gilberta. "Por uma Lei de Diretrizes e Bases que propicie a educação escolar aos intitulados deficientes mentais" in Revista Cedes, nº 23, Educação Especial, Cortez, 1989.

LEONTIEV, Alexis. *O desenvolvimento do psiquismo*. Lisboa: Horizonte Universitário, 1978.

MAGNANI, Maria do R. M. *Em sobressaltos – formação de professora*. Campinas: Ed. Unicamp, 1993.

MOYSÉS, M. A. e COLLARES, C. A. "A História não contada dos distúrbios de aprendizagem" in Caderno CEDES, nº 28, Papirus, 1992.

NOGUEIRA, Ana L. Horta. "Eu leio, ele lê, nós lemos: processos de negociação na construção da leitura." in SMOLKA, A. L. B. e GÓES, M. C. R (org). *A linguagem e o outro no espaço escolar*. Campinas: Papirus, 1993.

OLIVEIRA, Roberto Cardoso (org.). *MAUSS – Antropologia*. São Paulo: Ática, 1979. (Coleção Grandes Cientistas Sociais, nº 11).

PADILHA, Anna M. L. "O encaminhamento de crianças para a classe especial: possibilidades de histórias ao contrário". Dissertação de mestrado, Unicamp, 1994.

———. "Concepções de linguagem e alfabetização". Mimeo, 1991.

PASCHOALICK, Wanda C. "Análise do processo de encaminhamento de crianças às classes especiais para deficientes mentais desenvolvido nas escolas de 1º grau da delegacia de ensino de Marília." Dissertação de Mestrado, PUC-SP, 1981.

PATTO, Maria Helena S. *A produção do fracasso escolar.* São Paulo: T. A. Queiroz Editor, 1993.

PEIRCE, Charles Sanders. *Semiótica.* São Paulo: Perspectiva, 1990.

PINO, Angel. "A interação social: perspectiva sócio-histórica", in Série Idéias, F.D.E., S.P., 1993.

SADER, Emir. *Século XX, uma biografia não autorizada – o século do imperialismo.* São Paulo: Fundação Perseu Abramo, 2000.

SANTOS, Milton. *O país distorcido.* 1ª ed. São Paulo: Publifolha, 2002.

SÃO PAULO Secretaria da Educação. SE/CENP. Diretrizes da Educação Especial. São Paulo, 1987.

SAVIANI, D. *Pedagogia histórico-crítica – primeiras aproximações.* 7ª ed. Campinas: Autores Associados, 2000. (Coleção Polêmicas do Nosso Tempo).

SCHAFF, Adam. *História e verdade.* São Paulo: Martins Fontes, 1991.

SMOLKA, Ana Luiza B. "O trabalho pedagógico na diversidade (adversidade) da sala de aula." in Cadernos Cedes nº 23, Educação Especial, Cortez, 1989.

———. *A criança na fase inicial da escrita.* São Paulo: Cortez, 1987.

VYGOTSKY, L. S. *A formação social da mente.* São Paulo: Martins Fontes, 1988.

———. *Obras escogidas.* Tomo II. Madrid: Visor Distribuiciones, S.A., 1993.

———. *Obras completas.* Tomo V. Fundamentos de Defectología. Cuba: Editorial Pueblo y Educación, 1989.

WERNER, Jairo. "Desenvolvimento e aprendizagem da criança: contribuição para a desmedicalização do fracasso escolar." Dissertação de Mestrado, Universidade Federal Fluminense, 1992.

WERNER, Jairo e ALVES, Kátia. "Estudo exploratório sobre programas e modalidades do ensino especial do município do Rio de Janeiro". Mimeo, 1994.

WERTSCH, J. V. *Vygotsky e la formación social de la mente.* Barcelona: Paidós, 1988.

Anna Maria Lunardi Padilha foi professora de Educação Infantil, das séries iniciais do Ensino Fundamental e do Curso de Formação de Professores. Trabalhou como coordenadora pedagógica e coordenadora de projetos de alfabetização. Graduou-se em Pedagogia pela Pontifícia Universidade de Campinas e é mestra e doutora em Educação pela Universidade Estadual de Campinas (Unicamp).

Professora e militante desde a juventude, dedicou trinta anos de sua vida ao trabalho com crianças e adolescentes, suas famílias e seus professores, dando prioridade aos filhos da classe trabalhadora. Atualmente é professora do Programa de Pós-Graduação em Educação na Universidade Metodista de Piracicaba (Unimep), fazendo parte do núcleo de estudos e pesquisas "Práticas educativas e Processos de Interação". Integra, como participante, o Fórum de Formação de Professores das séries iniciais do Estado de São Paulo. Já publicou dois livros: este, agora apresentado em edição revista e ampliada, e *Práticas Pedagógicas na Educação Especial – a capacidade de significar o mundo e a inserção cultural do deficiente mental*, editado pela Autores Associados. Tem artigos publicados em várias revistas brasileiras especializadas em Educação.

Contato: anapadi@terra.com.br

www.gruposummus.com.br

IMPRESSO NA
sumago gráfica editorial ltda
rua itauna, 789 vila maria
02111-031 são paulo sp
tel e fax 11 **2955 5636**
sumago@sumago.com.br